iyi ki **kitapl**

TİMAŞ YAYINLARI
İstanbul 2013

timas.com.tr

ÇOCUK DEYİP GEÇMEYİN
Pedagog Dr. Adem Güneş

TİMAŞ YAYINLARI | 3266
Aile Eğitimi Dizisi | 27

GENEL YAYIN YÖNETMENİ
Emine Eroğlu

PROJE EDİTÖRÜ
Seval Akbıyık

EDİTÖR
Fahrünnisa Erdem

KAPAK TASARIMI
Ravza Kızıltuğ

1. BASKI
Kasım 2013, İstanbul

ISBN
ISBN 978-605-08-1281-7
9 786050 812817

TİMAŞ YAYINLARI
Cağaloğlu, Alemdar Mahallesi,
Alayköşkü Caddesi, No: 5, Fatih/İstanbul
Telefon: (0212) 511 24 24 Faks: (0212) 512 40 00
P.K. 50 Sirkeci / İstanbul

timas.com.tr
timas@timas.com.tr
facebook.com/timasyayingrubu
twitter.com/timasyayingrubu

Kültür Bakanlığı Yayıncılık
Sertifika No: 12364

BASKI VE CİLT
Neşe Matbaacılık A.Ş.
Akçaburgaz Mah.
Mehmet Kopuz Cad. No: 17
Esenyurt/İstanbul
Telefon: (0212) 886 83 30
Matbaa Sertifika No: 22861

ÇOCUK DEYİP GEÇMEYİN

Pedagog Dr. Adem Güneş

Pedagog Dr. ADEM GÜNEŞ

1969 yılında Ankara'da doğdu. İlk, orta ve lise öğrenimini Türkiye'de yaptı. Rotterdam Üniversitesi Pedagoji Bölümü'nden mezun oldu. Uzun yıllar yurt dışında yaşadı. Avrupa eğitim sistemlerini ve çocuk eğitimi modellerini bizzat yerinde inceleme fırsatı buldu.

Pedagojinin kültürden bağımsız olamayacağını dile getiren Güneş, Anadolu Pedagojisi değerlerinin altını çizmekte ve duyarlılık eğitimi olmadan davranış eğitiminin yetersiz kalacağını dile getirmektedir.

2008 yılından bu yana Türkiye'de bulunan Adem Güneş, *Aksiyon*'da köşe yazarlığı ve Burç FM'de radyo programları yapmaktadır.

Pedagojide uzmanlık sahası "Şiddet", "Taciz" ve "Suistimaller" olan Adem Güneş, Fatih Üniversitesi'nde öğretim görevlisidir.

Yayınlanmış 8 Türkçe ve 1 İngilizce kitabı bulunan Adem Güneş'e Türkiye Çocuk Zirvesi tarafından 2011 yılı ÇOCUK DOSTU ödülü, Medya Etik Konseyi tarafından 2012 yılı AİLE VE ÇOCUK PROGRAMLARI MEDYA ETİK ödülü ve Çanakkale 18 Mart Üniversitesi tarafından 2013 yılı Eğitim Bilimleri'nde FAHRİ DOKTORA unvanı verilmiştir.

Adem Güneş evli ve dört çocuk babasıdır.

Yayınlanmış Kitapları:

Doğal Ebeveynlik
Çocuk Eğitiminde Pozitif İletişim
The Wonder of Childhood (İngilizce)
Çocukluk Sırrı
Tatil Sürecinde Çocuk Eğitimi
Rahat Bırakın Beni (Gençlik Terapi Hikâyeleri)
Bilmezsen Korkarsın Tabi (Çocuk Terapi Hikâyeleri)
Annelik Sanatı
Çocuklarda Mahremiyet Eğitimi
Çocuk Terbiyesinde Doğru Bilinen Yanlışlar

Çocuktan yana olan bütün yetişkinlere ithaf ediyorum…

İÇİNDEKİLER

Önsöz 9

ZAMAN AKIYOR ÇOCUKLUK YILLARI GERİDE KALIYOR 11

Çocukluk Yılları Geride Kalırken 13
Anne ile Uyumak Güven Veriyor 17
Kaygılı Çocuğun İlacı "Güven" Duygusudur 21
Çocukların da Bir Tükenme Noktası Vardır 25
Çağın Hastalığı: Narsisizm 29
Hiperaktif Çocukların Dramı 35
Dikkat Eksikliği Bir Yanılgı mı? 39
Kız Çocuklarında Baba Yoksunluğu Daha Derin Oluyor 43
Ancak Sevilen Kişi Sevmeyi Bilir 49
Ceza ile Çocuk Eğitimi Olur mu? 53
Bağımlılık Yapıcı Maddeler ve Çocuklar 57
"Sorun Yok, Ben Hallederim" 61
İnternet Oyunları ve Farklı Bilinç Halleri 65
İletişim Yeteneğini Kaybeden Çocuklar 69
Suçluluk Duygusu Kalıcıdır 73
Çocukluk Yılları ve Değersizlik Hissi 77
Hitap Edilemeyen Çocukların Dramı 83
Çocuklarda Zamana Karşı Duyarlılık 87
Hayatı Yaşayarak Öğrenmek 91

HER ÇOCUK ÖZELDİR 95

Her Çocuk Özeldir 97
Öğrenmenin Üç Sihirli Anahtarı 101
Yaşatılmayan Çocukluk Yılları 105
Cezasız Çocuk Eğitimi Olur mu? 109
Korku Eğitimin Bir Unsuru Olamaz 113
Mahcubiyet Hissi Yitirilirse... 117

Birinci Sınıfta Eğik Yazı Öğretmek Doğru mu? 121
Ders Derste Öğrenilir 125
Eğitimdeki Temel Sorunlar 129
Cinsel Eğitim mi Mahremiyet Eğitimi mi? 135
Eğitim Şefkat ile Başlar 139
Kreşe Uzun Süre Bırakılan Çocuklar 143
Çocuğuna Sahip Çıkan Kazanır 147
Çocuklar Spor ile Sosyalleşir 151
Futbol Fanatiği Çocuklar 155
Tatil Ödevi Olmalı mı? 159
Bazı Kayıplar Sınav Kaybından Daha Acıdır 163
Okul Serviste Başlar 169
Okul Servislerinde "Sesli Kitap" 173

ANNELERİN DE BİR ÇOCUKLUK ÖYKÜSÜ VAR 177

Eş Eşin Terapistidir 179
Sağlıklı Evlilik İçin Sağlam Kişilik 183
Terapiye Muhtaç Terapistler 187
Çocuğa Bağlanmak 191
Annelerin de Bir Çocukluk Öyküsü Var 195
Kardeş Sayısı ve Çocuk Gelişimi 199
Baba Bugün Ne Oldu Biliyor musun? 201
Anne Babaların Çocukluk Hatıraları 205

BAYRAM YAŞANMAK İSTENİRSE BAYRAM OLUR 209

Kusurun Nazara Verilmemesi Prensibi 211
"Tekne Orucu" ve İrade Eğitimi 215
Bayram Yaşanmak İstenirse Bayram Olur 219
Çocukluk Yıllarında Bayramlar Özeldir 221
Yetişkinlerin İbadeti ve Çocuklar 225
Çocuk Dövmeyi Din mi Emrediyor? 229
Kur'an Eğitiminin Püf Noktaları 233
Çocuklar Uyurken Kur'an Dinlerse 237

Önsöz

Hani hep bildik bir teselli vardır ya "çocuktur unutur" diye...

Yetişkinler bilirler ki, çocuk ne kadar zarara uğratılsa da ertesi gün yine gelecek ve coşku dolu hali ile kendisini inciten yetişkinin etrafında dönüp duracaktır.

Çocuğun bu hali yetişkini yanıltır, çocuğun dünü unuttuğu zannedilir...

Hâlbuki çocuğun aklı unutsa da hisleri unutmaz...

Zira çocukluk dönemi, "akıl" ile öğrenme dönemi değil, "his" ile kişilik kazanma dönemidir.

Örneğin, karanlıktan korkmak "akıl" ile ilgili değildir, ruhun incinmişliğidir... Ya da tırnak yemek akılla izah edilemez, ruhsal zayıflığın dışa vurumudur. Veya öfkesine yenik düşen bir çocuğu akli nasihat ile durdurmanız zordur, zira o, içsel sıkıntılarını şiddet ile dışa vurmaktadır.

Ve bütün bu hisler çocukluk yıllarında oluşur.

Çocuk küçük düşürülürse kendini küçümser, suçlanırsa kendini suçlar, ona değersiz davranılırsa kendini değersizlik hissi ile geliştirir.

Çocuk zihninin savunması yoktur, çocuk ne yaşarsa o olur...

Değer verilen çocuk değerli olur... Ve çocuğa değer vermek ona bir lütuf değil, insan olarak onun en doğal hakkıdır...

Gelecek, "çocuk deyip geçmeyen" ebeveyn ve eğiticilerle inşa edilecektir.

Adem Güneş
İstanbul

Bu kitap Adem Güneş'in Aksiyon'da haftalık olarak yayımlanmış makalelerinden derlenmiştir.

ZAMAN AKIYOR ÇOCUKLUK YILLARI GERİDE KALIYOR

Çocukluk Yılları Geride Kalırken

Bomboş bir parkın salıncağında dalgın düşüncelerle sallanırken buldum kendimi.

Uzunca zamandır çocuklarım için bir spor dalı seçmeye çalışıyorum. Erkek oldukları için futbola çok meraklılar. Ancak ülkemizdeki futbol taraftarlığı "cinnet" noktasına geldiği için, göz göre göre böylesi bir spor dalını çocukların önüne "işte imkân" diye sunmaya içim elvermiyor.

Kendim de aslında millî maçlar haricinde pek de ilgili değilimdir futbola. Futbola karşı soğuğum. Ya da daha doğru bir ifadeyle futbol adına yapılan kavga ve gürültüler, maç sonrası sıkılan maganda kurşunları soğuttu beni bu güzelim spordan.

Ellerinde satırlarla karşı takımın formasını taşıyan kişilere düşmanlık besleyen bir spor dalını çocuklarıma "Tara ta taam! Sizi futbol kulübüne yazdırsam ne dersiniz?" diye sunmam doğru olmazdı.

Avrupa'da aileler çocuklarına belli yaşlarda spor imkânı sunmayı bir ebeveynlik görevi olarak görürler.

Avrupa'da aileler çocuklarına belli yaşlarda spor imkânı sunmayı bir ebeveynlik görevi olarak görürler. Ancak spor dalları da kendi içinde ikiye ayrılır: Temel kazanım sporları ve ayrıcalıklı sporlar.

Yüzme bir temel kazanım sporudur ve örneğin Hollanda'da her çocuk beş yaşından itibaren yüzme eğitimi alır. Bu sporu teşvik için belediyeler her semtte modern yüzme havuzları inşa etmiştir. Hafta içinde belli saatlerde kadınlar, belli saatte yaşlılar, engelliler ve çocuklar yüzme havuzlarını kullanırlar.

İlkokula başlayan bütün çocuklar "diplomalı" iyi bir yüzücüdür. Bu zaten her çocuğun temel spor dalı olduğu için aileler çocuklarının yüzme bilmesini bir kazanım olarak değerlendirmezler. Asıl kazanım, çocukların kendi karakterlerine uygun "ayrıcalıklı" bir spor dalı seçmeleri ile oluşur.

Örneğin, çocuklar vardır "artistik paten" yapar. Çocuklar vardır "golf" oynar. Çocuklar vardır "binicilik eğitimi" alır... Çocuklar okul çıkışlarında ülkemizde olduğu gibi "delice bir ödev yapma telaşı" içinde evlere kapanmazlar, sokaktadırlar veya bir spor dalının eğitimini almanın keyfi içinde sırt çantaları ile yollarda kaygısızca yürüyorlardır.

Sadece spor mudur çocuğun kazanımı? Tabii ki hayır, aileler çocuklarına bir sanat kazanımı için de kendilerine görev biçmişlerdir. Kimisi resim, kimisi müzik, kimisi drama eğitimi almanın keyfi ile yaşama hazırlanırlar.

Ama zannetmeyin ki bunca şey çocuğun sırtına yük olur... Olmuyor, çünkü bu kazanımlar bir baskı ve zorlama ile değil, doğal yaşam içinde gerçekleşmektedir.

Örneğin, çocuklar erken yaşlarda bir yaşam tarzı olarak dil öğrenirler. Ve her Avrupalının ikinci ana dili

İngilizcedir. Sonra İspanyolca veya Fransızca üçüncü bir dil olarak öğrenilir gider. Çok özel bir durum değildir insanların üç dil bilmesi. Çünkü eğitim bir bütüncül yaklaşım içinde çocuğa dil öğrenme zeminini sunmaktadır...

Mesela televizyonda filmler orijinal dilinde yayımlanır ve alt yazılıdır. Çocuklar film izlerken hem "duyarak" dil öğrenirler hem de altyazı okuyarak okuma alışkanlığını geliştirirler.

Eğitim yaşamın doğal akışı içinde zorlamadan devam eder.

Bunlar bir hayal değil. İşte orada yaşıyor bu insanlar, gidip bakın...

Tabii ki bütün bunların bir "hokus pokus" hareketiyle ülkemize gelmesi zor. Ve biliyorum ki ülkemizde de iyi şeyler yapılmak isteniyor. Millî Eğitim Bakanlığı bütün eleştirilere rağmen iyi bir şeyler yapmak için ciddi çaba sarf ediyor. Fakat eski eğitim sistemi ile yetişmiş kişilerin yeni bir eğitim sistemi inşa etmesinin imkânsız olduğunu görüyorum.

Belki biraz sabretmek gerek, onu da biliyorum. Ama acelem var, çünkü çocuklar büyüyor... Ne bir ikinci dil öğreniyorlar ne kişilik geliştirici bir sporla ilgileniyorlar ne de bir sanat dalında kendilerini geliştiriyorlar... Bunları gördükçe çaresizce üzülüyorum...

Aslında yazmak istediklerim bunlar değildi... Bunlar, gençliğini Batı'da geçirmiş bir pedagogun, bomboş bir parkın salıncağında sallanırken evde ödev yapan ülkesinin çocukları için kirpiklerinin ıslanmasına sebep olan düşüncelerdi.

Ben asıl çocuklarıma hangi spor dalını "neden" seçtiğimi anlatacaktım ama olmadı.

Eğitim yaşamın doğal akışı içinde zorlamadan devam etmelidir.

Anne ile Uyumak Güven Veriyor

Annenin yeni doğan bebeği ile uyması tarihin her döneminde ve her kültürde var olmasına rağmen, modern psikolojinin gelişimi ile birlikte bebeğin anne ile uymasının sakıncalı olabileceği söylemi birçok ebeveyni tedirgin etmiştir.

Özellikle anneyi bir "iş gücü" olarak gören sanayi toplumlarında bu görüş, kadının bir an önce iş pazarına dönmesi için bebek ile annenin "bağlanmadan ayrılma"sı prensibine dayanmaktaydı. Buna göre bebek ile tensel temas, yakın iletişim, altı aydan fazla emzirme bebeğin anne bebek bağlanmasını artıracağı için sakıncalı bulunuyordu.

Bireysel çocuk yetiştirme taraftarı olan ebeveynler tarafından oldukça kabul gören bu görüşe anne yatağında ölen bebeler ile ilgili yapılan açıklamalar ve anne bebek yatmasının çocuğun cinsel kimliğine zarar vereceğini iddia eden Frued ekolünün değerlendirmeleri de eklenince bebeklerin anne ile uyumasının önü tamamen kesilmiş oldu.

Bağımsız bilimsel çalışmalarla, anne bebek uyumasını bir davranış sapması değil fıtri bir ihtiyaç olduğunu ortaya çıkarttı.

Hâlbuki bağımsız bilimsel çalışmalarla, anne bebek uyumasını bir davranış sapması değil fıtri bir ihtiyaç olduğunu ortaya çıkarttı.

Fransa Notre Dame Üniversitesi "Anne-Bebek Uyku Davranışları Laboratuvarı"nda yapılan çalışmalar, bebeğin annesi ile yatmasının hem "fizyolojik" hem de "psikolojik" olarak bebeğe fayda sağladığı gibi, bu yakınlığa annenin de ihtiyacı olduğu ortaya çıktı. Laboratuar'da anne ile uyuyan bebeklerin daha "huzurlu" ve "uyumlu" olduğu gözlemlendi.

İsviçre'de yapılan iki ayrı araştırmada ise bebeği ile birlikte uyuyan annelerin "oksitosin" (emzirme esnasında salgılanan hormon) düzeyler inde artış gözlemlendi. Oksitosin düzeyinin artması ise hem annenin hem de bebeğin yararına olacak şekilde rahim kasılmalarına ve gelen süt miktarının artmasına neden oluyordu. Aynı zamanda bu hormon, doğumdan sonra ana rahminin eski halini almasında oldukça önemli bir rol üstleniyordu. Yapılan bu çalışmada, bebeğinden ayrı uyuyan annelerde "sütten kesilmelere" daha sık rastlandığı halde, bebeği ile uyuyan annelerde anne sütündeki belirgin artış oldukça dikkat çekici idi.

Anne ile uyuyan bebeklerde anne vücudunun doğal sıcaklığı ile bebeğin kendi vücut ısısının dengede durması bebeğin fiziksel gelişimi açısından önemli rol oynamakta.

Yapılan araştırmaların dikkat çekici bir başka yanı ise, anne göğsünde yatan bebeklerin, annelerinin kalp ritimlerinden aldıkları güven duygusu ile daha düzenli nefes aldıkları ve oksijeni daha verimli kullandıklarının gözlemlenmesiydi.

Anne ile uyuyan bebeklerin "kaygı" düzenlerinin çok azaldığı, "uyku süresinin arttığı", daha istikrarlı kalp atış hızına ve nefes alıp verme becerisine sahip oldukları ortaya çıktı.

Günümüz çocuklarının en temel probleminin "anne çocuk bağlanması" ve buna bağlı olarak "güven duygusu yetersizliği" olduğu da düşünülürse, bu araştırma sonuçları daha da önem kazanır.

Bebeklerin emme refleksinin devam ettiği ve fıtri emme süresi olan iki yıl boyunca annesi ile uyuması, bebeklerde bağımlılık değil, güven duygusunu oluşturur.

Emme dönemi biten çocuklar, anne yanından kademeli bir şekilde ayrılmalıdır.

Öte yandan ebeveynleri tedirgin eden, anne yatağında gerçekleşen bebek ölümlerinin gerçek sebeplerinin derin uyku, aşırı kilo, alkol, uyuşturucu ve sigara içen ebeveynler olduğu ortaya çıktı.

Emme dönemi biten çocuklar, anne yanından kademeli bir şekilde ayrılmalıdır.

Kaygılı Çocuğun İlacı "Güven" Duygusudur

Kaygı, bir tetikçidir... Kimin ruhunda var olursa o ruhun kimyasını bozar. Anormal davranışlara yol açar. Mesela, aslında hiçbir çocuk "yalancı" değildir. Yalan söylemek insanın özünde yoktur, çünkü insan "iyi"dir. Ancak çocuğu azıcık kaygılandırırsanız, çocuk "kendini korumak için" yalana başvurabilir. Sınavdan zayıf alan bir çocuk anne babasının üzüleceği "kaygısı" ile sınav notunun yüksek olduğu yalanını söyleyebilir. Burada çocuğun bizzat kendisine ve onun yalan davranışına odaklanmak yerine yalan söylemesine neden olan "kaygı" ortadan kaldırılırsa, yalan söyleme eğilimi de ortadan kalkacaktır.

Aslında hiçbir çocuk "saldırgan" da değildir. Ancak çocuğu kaygılandırırsanız çocuk "kendini korumak için" saldırgan bir davranış sergileyebilir. Mesela, yeni kardeşi dünyaya gelen çocuk annesinin kardeşi ile daha çok ilgilendiğini ve kendisinin artık daha az sevildiğini zannederse kaygılanır. Böylesi bir kaygı hali, bu çocuğun küçük kardeşine yönelik "şiddet", "kıskançlık" ve "zarara uğratma" eğilimini artırır. Burada çocuğun saldırgan

"Sonuca" odaklanmak değil, "süreci" yaşamak üzere kişi yetenek geliştirirse, kaygının ilk panzehirini almış olur.

davranışından daha önemli olan şey anne sevgisini kaybetme kaygısıdır. Böylesi bir çocuğun tekrar "normalleşebilmesi" ancak duyduğu kaygıdan arınması ile mümkündür...

Kaygı bugüne ait düşüncelerle oluşmaz, kaygıya sebep olan şey geleceğe ait belirsizliktir. Sınavından zayıf alan bir çocuğun kaygısı zayıf aldığı dakikalara ait değildir, sonrası ile ilgilidir. "Biraz sonra anne babama ne diyeceğim?" düşüncesi kaygıyı oluşturur.

Kaygının iki ilacı vardır. Birincisi "anı yaşamak" prensibidir. "Sonuca" odaklanmak değil, "süreci" yaşamak üzere kişi yetenek geliştirirse, kaygının ilk panzehirini almış olur. Ancak bu yeterli değildir. Kişinin kaygıdan arınması için kendini "emniyette" hissetmesi de gerekir.

Ne antidepresanlar ne de sakinleştiriciler... Kaygının en etkin ilacı "emniyet" ve "güven" duyusudur.

Yazılıdan zayıf alan bir çocuk, ebeveynine karşı kendini hâlâ emniyette hissederse, kendisinin zarara uğramayacağının "emniyetini" ruhunda duyuyorsa, böylesi bir çocuğun yalan söylemesi ihtimal dâhilinde değildir... Veya annesinin sevgisini kaybetmeyeceğinden emin olan çocuk kardeşini kıskanmayacak, ona karşı saldırgan davranışlar sergilemeyecektir.

Çocuk davranışlarının normalleşmesi için pedagojinin uyguladığı en temel prensip "çocuğun kendini emniyet ve güven içinde hissetmesi" prensibidir...

Koşulsuz bir sevgi içinde çocuğa "sen beni sevmesen de ben seni seviyorum" güveni verildiği sürece çocuk kaygılarından arınır, davranışları normalleşir.

Günümüz ebeveynleri, çocuklarında gördükleri anormal davranışlarla mücadele etmek için zaten kaygılarından dolayı anormal davranmaya başlamış olan çocuğun üzerine çoğu defa baskı ve zorlamalarla giderek yeni yeni kaygı alanları oluşturuyorlar. Böyle bir durum ise çocukta yeni yeni anormal davranışlara yol açıyor.

Kaygılarınızdan arınabildiğiniz kadar normal bir ebeveyn olacaksınız.

Her eğitim-öğretim döneminin sonunda çocuklar karneleriyle evlere geliyorlar. Karneleri ellerine geçtiğinde, kim bilir kalpleri ne kadar da pır pır atıyor, "Acaba annem babam ne diyecek?" diye akşamı bekliyorlar.

Eğer çocuğunuzun başka başka anormal davranışlar edinmesini istemiyorsanız, her dönem sonu elinize aldığınız karneye şöyle bir göz ucu ile bakın, düşük notlarını görseniz bile onu incitmeyin, üzmeyin. "Bu ne biçim karne!" diyerek kaygılandırmayın. Ona "Bunlar hep gelip geçici şeyler oğlum/kızım" diyerek karneyi bir kenara koyun, çocuğunuza coşku ile sarılın... Korkmayın, "Çocuğum bunu suiistimal edebilir" kaygısından siz de kurtulun.

Unutmayın, siz de kaygılarınızdan arınabildiğiniz kadar normal bir ebeveyn olacaksınız.

Hem unutmayın, çocuğunuzun elinde tuttuğu karne sadece çocuğunuza ait değil. Eğer çocuğunuzun zihinsel bir sorunu yoksa karnedeki notlar aynı zamanda o dersi anlatan öğretmenin notudur... Öğretmenin, öğretmeyi ne kadar başarabildiğinin notudur. Bunun da ötesinde, çocuğunuzun elinde tuttuğu karne aynı zamanda bir ebeveyn olarak sizin de karnenizdir... Bütün bir yarıyıl boyunca çocuğunuzla ne kadar ilgilenip ilgilenemediğinizi çocuğunuzun karnesine bakarak görebilirsiniz.

Çocukların da Bir Tükenme Noktası Vardır

Geçen hafta bir anne-baba ile görüştüm. Çocuğu için çırpınan, onun geleceği için kendisini feda etmiş bir anne-baba... Baba biraz sert mizaçlı olsa da üç çocuğunu da çok sevdiğini söylüyor. Anne ise kuralcı, titiz...

En büyük oğulları on yedi yaşında, lise öğrencisi.

Delikanlı derslerinde çok başarılı olmasa da okulda takdir edilen bir öğrenci... Ufak tefek haylazlıkları anne-babasına şikâyet olarak iletilse de bu yaşa kadar öğretmenleri tarafından hep sevilmiş.

Benden yardım isteme sebepleri ise bundan bir süre önce çocuğun evde cinnet geçirmesi. Kırmış dökmüş her yanı. "Neden?" diye sorduğumda anlatmaya başladılar...

O gün çocuk okul çıkışı bir grup arkadaşıyla kavga etmiş. Eve geldiğinde "Niye uydun onlara, sonra da dayak yedin" diye önce annesinden fırça yemiş. Akşam da babası "Sen de onlara vursaydın, elin armut mu topluyordu! Karşıma geçmiş bir de kadınlar gibi ağlıyorsun!"

diye aşağılayınca çocuk gözyaşlarını silerek odasına atmış kendini... Yarım saat kadar süren bir sessizlikten sonra odadan gelen bir çığlıkla evdekiler şok geçirmiş.

Evin en küçüğü olan beş yaşındaki kızları, abisinin odadaki bağırtısından korkup annesinin kucağına sığınmış. Baba şaşkın bir halde ve tereddütle odanın kapısını açtığında, içeride ürpertici bir manzara... Anne, "Oğlumu hiç böyle görmemiştim. Masasındaki bütün eşyaları yere savurmuş ve boğa gibi nefes alıyordu. Kapıyı aralayan babasına korkunç bir gözle bakıyordu. Eğer o an ufacık bir şey söylense elindeki bilgisayar hoparlörünü bize fırlatabilirdi herhâlde..." diye yaşadıkları o anı tarif etti.

Baba, "Hocam, oğlum sessiz bir çocuktur aslında. Tamam, bazen her evde olduğu gibi bizde de sesler yükselir, öfkemize yenik düştüğümüz anlar olur ama böyle bir şeyle ilk defa karşılaştık." dedi.

Babanın söylediği bir cümle bana çok şey ifade etti: "Sessiz bir çocuktu aslında..."

Çocuklar sessiz değildirler ki... Çok konuşurlar. Yaşama sevinci ile doludurlar. Okulda olup biten her şeyi anne-babalarına anlatmak için fırsat kollarlar. Bitmek tükenmek bilmeyen bir heyecanları vardır içlerinde.

Bir ara TV'de İstanbul Esenler'de bir ilkokulda on dört yaşındaki kızın kendini okulun dördüncü katından aşağı attığı haberi verilmişti. Şükür ki ölmedi, yaşama tutunabildi.

Bu genç kızı da çevresindekiler "aslında sessizdi" diye tarif ediyorlar.

Ya da Amerika'da işlenen okul cinayetlerinin zanlılarına bir bakın isterseniz. Onlar için de "Aslında sessiz bir çocuktu" denildiğini duyacaksınız.

Değil işte... Çocuk fıtratının bir gereği olarak değil de ceza ve baskıyla, yasak ve engellemelerle, "bunun hesabını vereceksin" ile derin bir sessizliğe bürünüyorsa, yetişkinler bu sessizliği "Maşallah bizim çocuk sonunda akıllandı" diye karşılamak yerine "Acaba çocuğumuz kendisini ifade etmekten vaz mı geçti?" diyerek kendilerini gözden geçirmelidir.

Bana gelen delikanlı ile konuşmaya başladığımda, konuşmak isteyip de yıllarca konuşamadığı şeyler boğazına geldi tıkandı. Biraz konuşacak gibi oldu, durdu... Konuşamadı. Sonra ellerini yüzüne kapatıp hıçkırarak ağlamaya başladı... Gözyaşları içinde babasına olan hasretinden; işlerinin yoğunluğu nedeniyle babasıyla bir türlü iletişim kuramamasından bahsetti. Annesi yanındayken bile annesine ulaşamadığını ve annesine duyduğu özlemi anlattı. Aile içinde konuşmaların hep ders ve ödevler üzerine olduğundan, bir gün doyasıya oturup ailece içten geldiğince konuşulamadığından bahsetti. Kendisi için önemli olan problemlerin ya geçiştirildiğini ya da daha da büyütülerek evde yeni tartışmalara sebep olduğunu söyledi.

Yani sizden bahsetti... Bizden bahsetti...

Bilmem sözüm ne kadar tesir eder ama eğer imkânım olsa anne-babalara "Çocuklarınızla konuşun; televizyonu kapatın, telefonu kapatın ve konuşun çocuklarınızla" derdim...

Ben bu gençle sadece konuştum...

İmkânım olsa anne-babalara "Çocuklarınızla konuşun; televizyonu kapatın, telefonu kapatın ve konuşun çocuklarınızla" derdim...

Çocuğunuzun derin sessizliği, size "maşallah" dedirtmesin...

Çıkarken sarıldı bana... "Şu an öyle rahatladım ki anlatamam" dedi...

Dışarıda çocuklarının sorununun ne olduğunu merakla bekleyen anne-babaya, "Bir şey yok, üzülmeyin... Ama çocuğunuz ile konuşun, bol bol konuşun" dedim.

Baba biraz alıngan bir ifade ile "Biz zaten çok konuşuyoruz hocam" dedi... Ben de "O zaman susun. O konuşsun." dedim.

Çocuğunuzun derin sessizliği, size "maşallah" dedirtmesin... Bırakın çocuğunuz coşku ile konuşsun, siz de tebessüm ederek dinleyin.

Zira bir terapist de bundan farklı bir şey yapmıyor...

Çağın Hastalığı: Narsisizm

Kişilik bozuklukları içinde en sinsi olanı "narsist kişilik bozukluğu"dur.

Zira kişi, narsist olduğunu bilmez. O kendini beğenerek değil, insanları yetersiz bularak kendini yüceltir.

Nedir narsist kişilik bozukluğu? Kişinin kendini "bir şey" zannetmesi halidir. Kendini beğenme, başkalarını yetersiz bulma hastalığına yakalanmasıdır.

Araştırmalara göre, toplumların yüzde birinin narsist kişilik bozukluğu taşıdığını biliyoruz.

Yüzde bir az gelmesin sakın, zira böylesi kişiler duyarsızlıklarından elde ettikleri güç ile toplumda kolay yer edinir. Etraflarında zayıf kişilere tesir eder, onları istediği gibi kullanırlar ve genelde başarılıdırlar. Ancak bu, başkalarını ezmek ve duyarsızca yaşamaktan kaynaklandığı için gerçek bir başarı değildir.

Gerçek başarı kişinin başkalarını ezerek değil işbirliği ile elde ettiği başarıdır.

Bu sebeple daha okul öncesi dönemden itibaren çocukta "bireysellik" değil, "kolektif" hayat becerisi yetenek haline getirilmelidir. Çocuğa yalnız kendi değil, arkadaşı başarılı olduğunda onun adına da mutlu olmayı ve onu tebrik etmeyi bilecek şekilde telkinler verilmelidir.

Ebeveynler tek başına başarabilen çocukları ile gurur duysa da, böylesi bir ruh edinen çocuk bir süre sonra anne babasını bile beğenmez. Zira narsist kişide "acıma", "sadakat" yoktur, "vefalı" değildir, kimseye "bağlanamaz", "âşık" olamaz. Zira o kendisine âşıktır.

Narsist kişi kırılgandır, eleştirilmeye tahammülü yoktur, kendisini eleştirene öfke duyar.

Kişi nasıl oluyor da böyle oluyor, insan böyle bir ruha nasıl dönüşüyor? Araştırmalar gösteriyor ki bu hastalığın temeli çocukluk yıllarında atılıyor fakat yetişkinlik döneminde tetikleyici faktörler oluştukça bu hâl ortaya çıkıyor.

1- Çocukluk yıllarında annesi ile "bağlanmasında" problem yaşamış çocukların yetişkinlikte narsist kişilik bozukluğuna daha "yatkın" olduğu biliniyor. Reddedici, otoriter ve baskıcı annelerin çocukları önce içlerindeki anne yoksunluğunu "bastırmayı", kendi iç dünyalarına "derinleşmemeyi", fazla "duygusal olmamayı", kimseye "bağlanmamayı", "güvenmemeyi" öğreniyorlar. Annesine güvenle bağlanamayan kişi hayata güvenle bakamıyor.

2- Çocukluk yıllarında "aşağılanmış" kişiler narsisizme yatkın oluyor. Kişi aşağılandıkça kendini güçlendirmeyi, kendini güçlendirdikçe başkalarını hissetmemeyi, onları ezmeyi bir tarz haline getiriyor. Ebeveynler

Çocukluk yıllarında annesi ile "bağlanmasında" problem yaşamış çocukların yetişkinlikte narsist kişilik bozukluğuna daha "yatkın" olduğu biliniyor.

çocuklarını şu ya da bu sebeple aşağılarken aslında duyarsızlaştırdıklarını görmelidir. Duyarsızlık ruhsal ölümdür. En basitinden söylenecek olursa, kardeşi ile kıyaslanan çocuk, aşağılanan çocuktur. Ödevini yapmadığı için sınıfta alay konusu edilen çocuk adım adım duyarsızlaşan bir çocuktur.

3- Yine çocukluk yıllarında, ebeveynleri tarafından devamlı "övülmüş" çocuklar da potansiyel bir narsisttir. Örneğin bir ebeveyn "Benim kara gözlü kızım, senin eşin benzerin yok" diyerek kızını sevmişse veya "Benim oğlum gibisi yok bu dünyada" denilerek çocuğa bu övüngen ruh edindirilmişse, böylesi çocuklar potansiyel narsisttir.

Narsist bir kişiye anne babalık yapmak kadar zor ebeveynlik yoktur. Zira narsist kişinin duygularına erişmek, ona hitap edebilmek zordur. Böyle bir kişi hem çevresine hem de içinde bulunduğu topluma zarar vericidir.

Peki, bu durumun tedavisi nedir?

Belki pek çok kişilik bozukluğunun tedavisi kolaydır ama narsist kişilik bozukluğu tedavisi zor olanlarındandır.

Zira narsist kişi kendisinde bir rahatsızlık olduğunu düşünmez. O kendisinin anlaşılmadığını zanneder. Bundan dolayı psikolojik tedavi sürecine dâhil olması zordur. Böyle bir sürece girse bile kendisini yeniden yapılandıracak olan psikologdan kendini üstün görür. Ona güvenemez, kendini tedaviye teslim edemez.

Ama her ne kadar zor da olsa narsist kişilik bozukluğunun da bir psikolojik tedavi süreci vardır.

Ebeveynler böyle bir çocuk sahibi olmak istemiyorsa, onlara "övüngen" değil, "mütevazı" bir ruh edindirmelidir. Övgü ile ayaklarını yerden kesmek yerine onlara ayakları yere basan sevgiler sunmalıdır. Kendini bir şey sanmak yerine insanlarla uyum içinde olmayı üstün meziyet olarak tanıtmalıdır.

Yoksa evde bir narsist yetişirse, o narsist sadece o aileyi değil, içinde bulunduğu toplumu da yok eder ve kimsecikler farkına bile varamaz.

Pek çok kişilik bozukluğunun tedavisi kolaydır ama narsist kişilik bozukluğu tedavisi zor olanlarındandır.

Hiperaktif Çocukların Dramı

Sanırım okul yılları en dramatik geçen çocukların başında Albert Einstein gelir. Bilim dünyasının en zeki insanı olarak kabul edilen Einsten'in eğitim yaşamı tam bir dramdır.

Hiperaktif bir öğrencidir Albert. Kıpır kıpırdır, bir türlü yerinde duramaz. Öğretmeni ders anlatmaya başladığında canı sıkılır, onu bir türlü takip edemez. Hocası sosyal bilgiler, coğrafya anlatırken Albert bu konulara dikkatini veremez. Zira onun aklı sosyal bilgilere değil, fiziğe ermektedir. Matematik onun için bir haz kaynağıdır. Ama öğretmeni kafayı takmış ya, sırf onun iyiliği için ve öğrensin diye ona devamlı ceza vermekte, onu aşağılamakta, küçük düşürmektedir…

Sonunda babasını çağırır ve "Çocuğunuzda 'dikkat eksikliği ve hiperaktivite' bozukluğu var. Dersleri öğrenemiyor. Diğer öğrencilerin öğrenmesine de engel oluyor. Onu daha basit bir okula yazdırsanız iyi olur." diyerek Albert'i okuldan uzaklaştırır.

Oğlu için üzülen baba oğlunu askerî okula verir. O dönemdeki askerî okullar işe yaramayan çocukların "Hiç olmazsa asker olsun" diye gönderildikleri yerlerdir.

Üstün zekâlı çocukların birçoğu zaten hızlıdır, hiperaktiftir.

Askerî okulda derslere başlayan Albert'i yeni öğretmeni keşfeder. Albert normal bir çocuk değildir, üstün zekâlıdır. Hiperaktivitesi de üstün zekâsının bir sonucudur. Zira üstün zekâlı çocukların birçoğu zaten hızlıdır, hiperaktiftir. Ve bu çocuklara öğretilmeye çalışılan konular ilgi çekici değilse "dikkat eksikliği" zannedilen bir ilgisizlik de görülmektedir...

Batı dünyası geçmişte üstün zekâlı çocuklara "zihinsel engelli" muamelesi yaparken aynı dönemde Osmanlı'da "Enderun mektepleri" vardır. Ender çocukların, yani üstün yetenekli çocukların gittikleri okullardı bu okullar...

Bu okulların en önemli özelliği çocukların bir türlü yerlerinde duramamalarıydı. Hatta enteresandır, eğitimciler üstün yetenekli çocukları bulabilmek için köy ve kasabaları gezer, çocukların saçlarını sıfır numara ile tıraş ederlerdi. Çünkü kafasında kırık, yarık olan çocukların üstün yetenekli olma ihtimali vardı. Zira bu kırık ve yarıklar, onların hareketli olup sağa sola koşup çarpmalarından kaynaklanmıştır diye düşünülmekteydi.

Tarihte ne kadar önemli kişi varsa her birisinde hiperaktif bir hâl görmek mümkündür. Mesela, İstiklal Marşımızın şairi merhum Mehmet Akif Ersoy bir türlü yerinde duramayan ve mahalleliyi canından bezdirmiş bir çocuktur. Necip Fazıl Kısakürek de büyük bir enerji deposu gibi bir türlü dur durak bilmezdi. Atatürk de üstün yetenekleri daha çocukluk yıllarında keşfedilmiş hiperaktif bir çocuktu. Aynı dönemde yaşamış olan Bediüzzaman Said Nursi Hazretleri de hiperaktif bir çocuktu. Öyle ki kendisini durduramadığı için bırakın yerleri, minarelerin tepesinde yürüyordu...

Ama bu çocuklar çevreleri tarafından yeterince anlaşılamadığı için genellikle şımarık, yaramaz, beceriksiz olarak tanınırlar.

Hâlbuki hiperaktif bir çocuğunuz varsa dünyaların sizin olması gerekir. Ondan ne olmaz ki... Belki bir dünya lideri... Kimi zaman bir bilim adamı kimi zaman da gelmiş geçmiş zamanların en büyük sporcusu... Tıpkı Londra Olimpiyatları'nda on beş altın madalya kazanan, otuz dokuz dünya rekoru kıran ve olimpiyat tarihine ''tüm zamanların en iyi yüzücüsü'' olarak geçen Amerikalı Michael Phelps gibi...

Tarihte ne kadar önemli kişi varsa her birisinde hiperaktif bir hâl görmek mümkündür.

Biz ülke olarak olimpiyatlardan bir tek altın alsak zil takıp oynayacağız ama yirmi yedi yaşındaki bir delikanlı tek başına on beş altın madalya aldı.

Ancak Michael'in de eğitim yaşamı her hiperaktif çocuk gibi acıklı bir dram içeriyor...

Daha yedi yaşındayken yerinde oturmuyor, dersleri dinlemiyor. Sonunda öğretmeni "beni anlamıyor" diye Michael'in annesini okula davet ederek şu utanç dolu sözcüğü kullanıyor: ''Üzgünüm ama Michael hayatında hiçbir işe yoğunlaşamayacak kadar başarısız bir çocuk."

Batıda böylesi trajedilere tek tük rastlanırken, ülkemizdeki durum içler acısı. Zira Türkiye üstün yetenekli çocuklar açısından bulunmaz bir altın madeni gibi. Malesef çocuğu tanıma yeteneği olmayan öğretmenler, beş dakikalık psikiyatr görüşmeleri ve ilaç sektörünün teşvikleri ile koca bir milletin üstün yetenekli çocukları "Bundan hiçbir şey olmaz" denilerek harcanıyor, ilaçlanıyor.

Sizi bilmem ama bu çocukların düşürüldükleri durum benim çok zoruma gidiyor...

Dikkat Eksikliği Bir Yanılgı mı?

Ülkemizde ilkokul çağındaki her yirmi çocuktan birine "Dikkat Eksikliği ve Hiperaktivite Bozukluğu" teşhisi konuluyor ve yıllarca sürecek bir ilaçlı tedavinin ilk adımı işte bu teşhis ile başlıyor.

Çoğu defa okuldaki arkadaşları gibi öğrenemediği gerekçesi ile yolu doktora düşen bu çocuklar, maalesef bir süre sonra ilaç kullanmaktan dolayı "yetersizlik" hissi içine de giriyorlar.

Arkadaşları ilaç içmeden dersleri dinleyebildikleri halde bir çocuğun ilaç kullanmak "zorunda" kalması o çocukta yetersizlik hissini oluşturur.

Ülkemizde yıllık yüzbinlerce kutu dikkat eksikliği ilaçları satılıyor: Sektör çok canlı.

Sınavlarda başarısı düşük olan, derste öğretmenini anlamayan, ödevini yapamayan çocuklar "acaba" denilerek hastaneye götürülüyor ve çoğunluğu ilaç kullanma "zorunluluğu" ile okullarına dönüyorlar.

"Dikkat eksikliği diye bir şey var mı?"

İlaçtan önce coşku dolu, heyecanlı, kıpır kıpır olan çocukların gözlerindeki ışık, ilaç kullanmaya başladıkları anda sönüyor, gözbebekleri büyüyor, bakışları tuhaflaşıyor. O coşku dolu halleri garip bir durgunluğa dönüşüyor.

Birçok ebeveyn çocuklarındaki bu garip hali içlerine sindiremediği için "Acaba iyi bir şey mi yapıyoruz?" diye vicdanen rahatsızlık duyuyor.

Peki, okuldaki başarısızlıkların altında gerçekten dikkat eksikliği mi yatıyor?

Veya "dikkat eksikliği diye bir şey var mı?"

Yoksa yıllar sonra ortaya çıkacak bir yanılgı, bir "mit" midir "dikkat eksikliği" hikâyesi?

Dikkat eksikliği bugün için bilimsel bir gerçeklikmiş gibi dursa da, yarın bunun bir yanılgı olduğu ilan edilemez mi?

Hatırlarsanız, bir zamanlar yumurtanın "kalp ve damar" hastalıklarına sebep olduğunu duyuyorduk doktorlardan. Bu yüzden kalp hastalarına yumurta yedirilmiyordu. Ama yıllar sonra öğrendik ki bu bilgiler doğru değilmiş.

Surrey Üniversitesi'nden bir grup akademisyen aslında yumurtanın insan sağlığına zarar veren bir yanının olmadığını ve istendiği kadar tüketilebileceğini açıklayınca herkes şoke oldu. Hatta bu açıklamadan sonra pek çok doktor, kalp ve damar hastalığı olup da yıllarca yumurta yemeyi yasakladıkları hastalarından özür dilemişlerdi.

İşte bunun gibi, bir zaman sonra da "akli dengesi yerinde olan hiçbir çocukta dikkat eksikliği" diye bir şeyin olmadığı, bunun "normal çocukluk hali" olduğu anlaşıldığında ağır ilaçlarla tedavi uygulanılan insanlardan "özür" dilenecektir umarım.

Dikkatleri toplayabilmek çocuğun değil eğitimcinin becerisidir.

Biz artık biliyoruz ki "şiddetli merak duygusundan" dolayı çocukların dikkatleri zaten başka başka yerlerdedir, dağınıktır.

Çocuk okula geldiğinde evdeki oyuncağını düşünür. Kardeşi ile kavgasını düşünür. Dışarıda kuş görse o kuşun nasıl uçtuğunu, arkadaşında hoşuna giden bir kalem görse o kalemin ne güzel bir kalem olduğunu düşünür. Zaten "normal" bir çocuğun zihninde yüzlerce düşünce aynı anda gelip gider.

Önemli olan eğitimcinin, çocuğun zihnini bunca "düşünce akışı" içinde kendi anlattıklarına doğru bir "merak hissi" ile yönlendirebilmesidir. Dikkatleri toplayabilmek çocuğun değil eğitimcinin becerisidir. Adını çokça duyduğumuz ama kendisini henüz ülkemizde bir türlü göremediğimiz "çocuk merkezli eğitim"in temel amacı, eğiticinin birtakım enstrümanlar kullanarak çocuğun dikkatini anlatılan konuya odaklayabilmesidir.

Böylesi sıcacık ve rengârenk dünyası olan insana "yavan" bir eğitim sunmak, onu "can sıkıcı" bir eğitici ile baş başa bırakmak, daha ilkokuldan itibaren "ödevler" altında ezmek ve sonra da yetişkinin beklentileri altında ezilmiş bu çocuğu "dikkatini toparlayamıyor" diye etiketlemek ona büyük saygısızlıktır.

Hele ki okul öncesi dönemdeki çocuklardan bile "akıllı uslu" olmalarını beklemek, öğretmen ne anlatıyorsa onu dinlemeleri için üzerlerinde "baskı" kurmak ve öğretmene uyum sağlamayan çocuklara da dikkat eksikliği var denilerek ilaç içirmek, küçücük bedenler üzerinde kurulan haksız bir tahakkümdür.

Gelecekte bir gün "Dikkat Eksikliği ve Hiperaktivite Bozukluğu" denilen şeyin aslında "normal çocukluk hali" olduğu anlaşılacak.

Henüz dört-beş yaşındaki çocuk zaten kıpır kıpırdır. Yaşamı öğrenmek için güçlü bir merak duygusu vardır. Her şeye elini atar, her işi kendisi yapmak ister. Merdivenlerden inerken bile elinin tutulmasını istemez, kucağa alsanız tepinir, yere inmek, koşmak, coşmak ister.

Peki okulda öğretmene dikkat edemediği için doktora götürülen çocuk, nasıl oluyor da bitmek tükenmek bilmez bir enerji ile oyununa konsantre olabiliyor, markette gördüğü oyuncağa yoğunlaşabiliyor, dikkatle televizyon izleyebiliyor, babasının cep telefonu ile saatlerce uğraşabiliyor? Eğer dikkat dağınıklığı olsaydı, çocuk ne televizyona bakabilir ne de arkadaşları ile oyunlar oynayabilirdi.

Sanırım bunları duymak ülkemiz için biraz erken ama gelecekte bir gün "Dikkat Eksikliği ve Hiperaktivite Bozukluğu" denilen şeyin aslında "normal çocukluk hali" olduğu anlaşılacak ve çocuklara karşı çok mahcup olunacak.

Kız Çocuklarında Baba Yoksunluğu Daha Derin Oluyor

Gençlerle yaptığımız görüşmelerde dramatik bir gerçekle hep yüzleşiyoruz. Şimdilerde liselere kadar yayılmış olan "sevgili edinme" davranışının ardında maalesef "ebeveyn ihmallerini" görüyoruz.

Özellikle babaları tarafından ihmal edilen kız çocukları, içlerinde eksikliğini hissettikleri ve çoğu defa "anlam veremedikleri boşluğu" erkek arkadaş edinerek gidermeye çalışıyor.

On yedi yaşındaki bir genç kız okuldaki problemleri için yardım talebinde bulundu. Annesinin ifadesiyle çocuğun notlarının neredeyse tamamı zayıf... Okulla, eğitimle hiç ilgisi kalmamış. Hırçınlık ve huzursuzluk ise had safhadaymış.

Önce anne ile görüştüm. Çaresizliği her halinden okunan kadın kısık bir sesle, "Ne yapalım beceremedik hocam" diyerek başladı konuşmaya ve gözyaşını usulca sildi: "Biz okusun, hayırlı evlat olsun diye dua etmiştik. Nasıl bir çocuk oldu, ben de bilemedim. Geçen

yıl daha iyiydi, bu yıl hepten koptu bizden. Elinde bir telefon, sabahtan akşama kadar onunla uğraşıyor, bir kez kafasını kaldırıp yüzümüze bakmaz oldu."

Sordum: "Ne yapıyor ki telefonla?"

"Bilemiyorum ki... Sorduğumda ya 'Arkadaşlarımla mesajlaşmak da mı yasak ya!' diye tepki gösteriyor ya da oflar puflarla odasına çekiliyor. Sözüm geçmeyince ne yapayım, ben de şaşırdım."

"Babasını da mı dinlemez?"

"Babasından korkar korkmasına ama o da ayrı problem!"

"Babası ile sorun nedir?"

"İlgisiz işte... Eve sanki yatmaya gelir. Oturup çocuklarla oyun oynadığını görmedim. Ben 'Azıcık şu kızla ilgilen' dediğimde, 'O benimle ilgilensin' der. Ben çocuklarla ilgili bir problem söylesem ilgilenmez; çok üstüne gitsem hemen köpürür, kızar, bağırır, çağırır. Problem çözmeyi bağırmak çağırmak zannediyor. Zaten doğru düzgün sohbetlerimiz hiç olmaz evde. Günlük konuşmalar işte... Derin bir muhabbet yok. Ben de artık umudu kestim, bir şey söylemiyorum."

Yokluğun verdiği acıyı anlatıyordu bu kadıncağız.

Anneden sonra babayı davet ettim odaya. "Nedir sorun?" diye sordum.

"Hocam sorun morun yok. Bizim hanım böyle işte. Güya ben geç geliyormuşum, çocuklarla ilgilenmiyormuşum, kendi başına çocuklara yetemiyormuş. Benim annem beş çocuğu tek başına yetiştirdi. Şimdiki kadınlar bir tane çocuk yetiştirmekten acizler."

Özellikle babaları tarafından ihmal edilen kız çocukları, içlerinde eksikliğini hissettikleri boşluğu erkek arkadaş edinerek gidermeye çalışıyor.

"Babanız yok muydu? Neden anneniz 'tek başına' beş çocuk yetiştirdi?"

"Vardı da yoktu işte babam. Kendi halinde bir adamdı. Ama annem babamın yokluğunu hiç aratmadı. Koca evi çekip çeviriyordu. Annem çok otoriter bir kadındı. Babam ilgisizdi ama bir 'kızılcık sopası' vardı, bir hata yaptığımızda etlerimiz kabarana kadar döverdi de yine de sesimizi çıkartmazdık. Şimdiki çocuklara bir laf bile söylenmiyor."

"Kardeşleriniz nerede, onlarla görüşüyor musunuz?"

"Vefasız çıktı onlar hocam sormayın. Erkek kardeşlerimden biri boşandı, gitti, kendinden beş yaş büyük üç çocuklu bir kadınla evlendi. Çocukları perişan. Benim küçüğüm var erkek. O da ne evlendi ne de iş güç sahibi. Kız kardeşim var ama hayırsız, ne arar ne sorar. Onun da kendine göre problemleri var tabii. İşte biz de böyle uğraşıp duruyoruz."

Şaşmaz bir gerçek sanki. Aile içinde ilgisizlik başka bir şey, babanın ilgisizliği daha başka bir şey... Baba sanki bir tespihin ipi gibi taneleri bir arada tutuyor. Babanın yokluğu çocukları sağa sola savuruyor maalesef.

Kızı davet ettim sonra. Bir baba yoksunluğunun kız çocukta bıraktığı izleri kalbimin gözyaşları ile dinledim. Ailede göremediği sevgiyi dışarıda erkek arkadaşlarından bulmak için çaba sarf eden, bulduğunu zannettiği sevgilerin hep zararına uğrayan, sonra yeni bir arayış ve sığınılacak bir liman ihtiyacı hisseden bir kız… Sonra yeni bir hayal kırıklığı ve yeni bir arayış… Sonunda "Ben bunları yapacak biri olamam" diyerek kendiyle çelişip bunalmalar, hırçınlıklar, kendinden nefret etmeler… Ve nihayet ailesinden habersiz intihar girişimi…

Çıkışta babaya ayaküstü "Kızınızla ilgilenin, onunla gezin, sohbet edin." dedim. "Bana değil hocam, annesine söyleyin. Ben kızımla hep ilgilendim, ilgilenirim de merak etmeyin." dedi...

Ama ben merak ederim. Zira çocukla ilgilenmenin ne demek olduğunu kendi çocukluk döneminde doyasıya yaşamamış bir kişinin çocuğuyla ilgilendiğini zannetmesi çoğu defa bir yanılgıdan ibarettir. Ta ki çocuklarıyla ilgilenen bir başka aile görüp de kendisine çekidüzen verinceye kadar...

Çocukla ilgilenmenin ne demek olduğunu kendi çocukluk döneminde doyasıya yaşamamış bir kişinin çocuğuyla ilgilendiğini zannetmesi çoğu defa bir yanılgıdan ibarettir.

Ancak Sevilen Kişi Sevmeyi Bilir

Birçok ebeveyn, çocuk terbiyesinin davranış öğretmek olduğunu sanıyor. Bu nedenle birçok evden "düzgün dur, düzgün otur, dişlerini fırçala, erken yat, erken kalk" bağırtıları duyuluyor.

Hâlbuki çocuk terbiyesi demek çocuğa "davranış öğretmek" değil, ona "irade" kazandırmaktır. Ve kazandığı bu iradeyle de "doğru ve yanlış" seçimler yapabilmesi için ona kültürünü, değerlerini, din ve ahlak kurallarını öğretmek için rehberlik yapmak demektir.

Bakın isterseniz, bugün anne babaların çocuklarından şikâyet ettikleri birçok olumsuz özelliklerin, onların "irade yoksunluğu"ndan kaynaklandığını göreceksiniz.

"Bu çocuk neden akşamları oturup bir saat boyunca ders yapamıyor?"

Çünkü kendisini bir saat boyunca bir masada tutabilecek güçte iradesi yok.

Çocuk, kendisini sözle inciten, tehditle aşağılayan ebeveyni ile aidiyet duygusu kuramaz.

"Peki, bu çocuk neden sabahları vaktinde kalkamıyor?"

Çünkü kendisini yataktan kaldırabilecek iradesi yok.

"Ya bu çocuk neden bir türlü namaz kılamıyor?"

Çünkü kendisine gücü yetmiyor, iradesi yok da ondan.

Aslında anne babalar, çocuklarına baskı ve zorlamayla davranış öğretmeye çalışırken onların iradelerini kırdıkları gibi, kendileri ile arasındaki büyülü bir bağ olan "aidiyet" duygusuna da zarar veriyor.

Çocuk kendisini zorla yataktan kaldıran, söylene söylene servise bindiren, odasını toplamadığı için aşağılayan, ödevler yüzünden her gün vaaz veren ebeveynine karşı bir süre sonra sağır oluyor, ne söylerse söylesin ebeveyn çocuğa tesir edemediğini görüyor.

Hâlbuki çocuk ancak kendisini güven ve emniyet içinde hissettiğinde ebeveyn yanında duygu dünyasını geliştirir ve aidiyet hisseder.

Çocuk, kendisini sözle inciten, tehditle aşağılayan ebeveyni ile aidiyet duygusu kuramaz. Böyle çocuklar ya dışarıda kendilerine bir güvenli liman arar ya da kendi duygu dünyalarını sevgiye ihtiyaç duymayacak kadar "bastırırlar."

Bu bir çocukluk dramıdır. Çocukluk döneminde duygularını bastırmayı öğrenmiş bir çocuk, yetişkinlik döneminde eşine ve çocuklarına karşı kendini bırakmışlık içinde sevgi veremez.

Bir gün aile içi sorunlarına çözüm arayan genç bir çift ile görüştüm. Kadın eşinin kendisine karşı ilgisiz olduğundan şikâyetçi: "Eşim, akşam işten gelir gelmez televizyon kumandasına yapışıyor ve uykusu gelene kadar televizyondan gözünü ayırmıyor."

Sonra beyefendi ile konuştum. "Bakın eşiniz nasıl da sizin ilgi ve sevginize muhtaç" dedim... Aldığım cevap çok ilginçti: "İyi de hocam, ben eşimi nasıl seveceğimi bilmiyorum ki seveyim..."

Bugün aile içi sorunların temelinde, "sevebilme yeteneği" elde edememiş ve birbirine karşı neredeyse sevgi dilencisine dönmüş eşlerin itirafları yatıyor.

Bu genç beyefendiye çocukluk döneminin nasıl geçtiğini sordum. Aldığım cevap duymaya çok alışkın olduğum cevaptı: "Annem hep iş güç telaşında bir kadındı. Kendisini ya mutfakta veya evin içinde bir yerlere koşturmaca içinde görürdüm. Babam ise her zaman yorgun ve uyuyan bir adamdı. Onlar beni çok sevdiklerini söylerler ama ben o sevgiyi içimde hiç duyamadım. En zor durumlarımda annem ve babam beni hiç anlamadı. Çocuk diye geçiştirdiler. Geceleri tek başıma yatmaktan korkar, anneme seslenirdim. Annemin cevabı hep aynı olurdu: 'Gelmeyeyim yanına! Fena yaparım, yat çabuk!"

Evet, yanına gelinmeyen çocukların fena yetiştiği bir ülkede yaşıyoruz.

Eğer çocuklarınızın vefasız, hayırsız olmasını, anormal davranışlarda bulunmasını istemiyorsanız, onları sevin. Hem de çok sevin. Koşulsuz sevin...

Eğer çocuklarınızın vefasız, hayırsız olmasını, anormal davranışlarda bulunmasını istemiyorsanız, onları sevin.

Ceza ile Çocuk Eğitimi Olur mu?

Çocuğun ceza ile "adam" edilemeyeceği, ceza ile "adam edilmiş" çocuğun ise adam olamayacağı, uzun zamandır üzerinde hassasiyetle durduğum bir konu.

Çocuk ceza ile terbiye olmaz, diyorum.

Cezanın yıkıcı tesirinden bahsederek ceza alan ceza vermeye başlar, böylece ceza bir süre sonra şiddete dönüşür ve şiddet kısırdöngüsü içinde aileniz acı çeker, diyorum.

Ama şiddet ruhumuza öylesine sinmiş ki bir bardak suyun içine damlayan bir damla mürekkep gibi, ayrıştırmak neredeyse imkânsız hâle gelmiş.

Hâlbuki çocuk, yetişkinden alacağı ceza korkusu ile değil, yetişkine duyduğu "güven" duygusu ile ancak "insan" olabilir.

Öğretmen ödevini yapmadı diye bir çocuğu sınıf içinde azarlasa, kolundan tutup dışarı çıkartsa, aşağılasa, belki bir sonraki sefere o çocuk ödevini yapar getirir ama o öğrencinin içinde tuhaf bir şekilde kopan, güven duy-

Çocuk, yetişkinden alacağı ceza korkusu ile değil, yetişkine duyduğu "güven" duygusu ile ancak "insan" olabilir.

gusudur. "Kendisine karşı güven duygusu kaybedilmiş bir yetişkin" dünyanın en iyi öğretmeni dahi olsa "insan" yetiştiremez, yetiştirse yetiştirse belki iyi bir matematikçi, iyi bir mühendis, iyi bir bankacı yetiştirir, o kadar.

Çocukluk yıllarında güven duygusunu yitiren kişilerin benlik yapıları kaygılı olur.

Kaygı ise birçok davranış bozukluğunun temelidir.

Anne babasının üzerinde bu denli baskı kurduğu çocuklara bakıyoruz; bazen "kimlik kaygısı" oluşmuş, bazen "sınav kaygısı"... Aslında kaygısızca sınava girse çok daha başarılı olacağı hâlde, sınav sonunda kendisine yönelen bakışlara nasıl karşılık vereceği düşüncesi bildiği soruları bile yapamamasına sebep oluyor. Unutuyor çocuk... Beyni durmuş gibi hatırlayamıyor kaygıdan... Kaç defa gördüm, sınav günü yaklaştıkça suratı bembeyaz olan, panik atak nöbetleri başlayan, ortaokul-lise öğrencisi olduğu hâlde altını ıslatmaya başlayan çocuklarlar var... Yazık değil mi? Bir insanı bu hâle sokmaya lüzum var mı?

Çocuk eğitiminde yöntem bu mu olmalı?

Yöntem bu olursa, kendisine şiddet uygulanan çocuk da gider kendi gücü yettiği kişiye şiddet uygular.

İşte rakamlar ortada, merak eden gitsin baksın. TÜBİTAK'ın Ankara Üniversitesi Eğitim Fakültesi ile yaptığı ortak çalışmada liselerde akran şiddeti yüzde doksan. Yani her on lise öğrencisinden dokuzu okuldaki diğer öğrencilerden şiddet görüyor. Hem de bunların yüzde yirmisi cinsel şiddete maruz kaldıklarını ilan etmişler bütün yetkililere. Rastgele bir çalışmadan değil, tam on bin öğrenci üzerinde yapılan bilimsel bir çalışmadan bahsediyorum.

Biz yanıldık... Eğitimciler yanıldı... Yöneticiler gerçekten çok yanıldı...

Çocuk ceza ile yetişmezdi. Ceza ile çocuk yetiştirmek bir gelenek haline geldi. Başka da bir yöntem bilemez olduk şimdilerde.

Mevlana'nın yaşadığı bir ülkede, insanları güven duygusu içinde yetiştirmek yerine onları "kedi" terbiye eder gibi, sıkıştırarak, ezerek, döverek, ceza vererek terbiye etmeye kalkınca sonuç bu oluyor işte.

Mevlana'lar artık yok ortada... Olsa bile önce anne babası kabul etmiyor yumuşak huylu, halim selim çocuğu. "Böyle mıy mıy mıy olursan tabii okulda da dayak yersin, sokakta da!.." diyerek çocuklarını şiddete teşvik ediyor ebeveynler.

Evde böylesi şiddet için davet alan, okulda kendisine şiddet uygulanan çocuk, içindeki bu zehri sokaklara kusuyor.

İşte bakın, trafikte şiddet...
Aile içinde şiddet...
Kadına şiddet...
Markette şiddet...
Siyasette şiddet...
Medyada şiddet...
Reklamda şiddet...

Kendisine ve ailesine onurlu bir yaşam sunmak isteyen ebeveynler ciddi bir karar verip neredeyse toplumsal cinnete dönüşmüş olan şiddet kısır döngüsünden çıkmayı başarmalıdır.

Erdemli olmak kendini ezdirmemekle değil, başkasını ezmemeyi öğrenmekle olur...

Ve toplumsal erdemi yakalamak kendini korumak için saldırganlığın öğretilmesi ile değil, başkalarına güven ve emniyet sunabilecek kadar duyarlı bireylerin yetiştirilmesi ile mümkündür.

Erdemli olmak kendini ezdirmemekle değil, başkasını ezmemeyi öğrenmekle olur...

Bağımlılık Yapıcı Maddeler ve Çocuklar

Hikâye odur ya... Padişahın canından çok sevdiği bir kızı varmış... Kız bir gün amansız bir hastalığa yakalanmış. Ülkesindeki bütün tabipleri kızı için seferber etmiş ama nafile... Sonunda bir tabip çıkmış, hastalığa iyi gelecek ilacı bulmuş ve kızı tedavi etmiş. Padişah, bu hekime minnet duymuş, "Dile benden ne dilersen!" demiş.

Hekim, padişahın cömertçe iltifatına karşı mütevazı bir istekte bulunmuş: "Ben fakir bir insanım. Pirinç yiyerek karnımı doyururum. Allah devletimize zeval vermesin. Siz böyle cömert davranıyorsunuz ama benim dileğim bu kadar cömert olamaz. Bana bugünün hatırası olarak bir satranç tahtasının her bir karesine pirinç koymanızı dilerim."

Padişah bu kadar basit bir isteği duyunca gülümsemiş. Canından çok sevdiği kızının iyi olmasına vesile olan bilge ve mütevazı hekime daha büyük ikramlarda bulunmak istediğini söylese de hekim arzu ettiği şeyden vazgeçmemiş.

Basit gibi görünen 'sinsi' hesabı bilemezseniz, bir gün çocuklarınızla acı bir şekilde göz göze gelebilirsiniz.

Padişah da vezirlerine hekim nasıl istiyorsa ona en iyi pirinçlerden vermelerini emretmiş. Hekim, kendisine pirinç vermek için gelen vezirlere kaç adet pirinç istediğini şu kural ile söylemiş: "Satranç tahtasının bir numaralı karesine iki adet pirinç koyun. Sonraki karelere bir önceki karedeki pirinç adedinin karesi kadar pirinç koymak kaydı ile altmış dört karenin hepsini pirinç ile doldurun."

Vezirler adamın bu kuralını uygulayarak her bir kareye tek tek sayarak pirinçleri koymaya başlamışlar ama daha onuncu kareye gelmeden bu mütevazı isteği karşılayabilmek için ülkedeki bütün pirinçleri verseler bile yine de altmış dört kareye yetiremeyeceklerini anlamışlar. Anlamışlar ama ülkenin bütün pirinçlerini de kaybetmişler...

Basit gibi görünen bu 'sinsi' hesabı bilemezseniz, bir gün çocuklarınızla acı bir şekilde göz göze gelebilirsiniz.

Bir gazete haberinde ülkemiz gençlerinin uyuşturucu kullanım rakamları yer alıyordu. Buna göre, 2006'da on beş bin kişi uyuşturucu suçuna bulaşmış. 2011'de ise yüz otuz bin kişi... Bir önceki karede on beş bin genç, bir sonraki karede yüz otuz bin...

Padişahın tebessüm edip küçümsediği gibi küçümsemeyin bu olayı. Ve "bize bir şey olmaz" demeyin. Çünkü uyuşturucunun yaygınlaşma psikolojisi "hekimin pirinç hesabı gibi" oldukça sinsi bir hesapla yürür. Zira uyuşturucu kullanan birinin, bir sonraki kişiyi uyuşturucu kullanmaya alıştırması "şarttır".

Neden?

Çünkü uyuşturucuya bağımlılık kazanan bir kişi, önceleri kendi parası ile uyuşturucu almaya çalışırken bir süre sonra buna parası yetmez ve maalesef en yakın arkadaşını, allem edip kallem edip uyuşturucuyla tanıştırır. Zira arkadaşına uyuşturucuyu kendisi satar ve "daimi" bir gelir kapısı açar kendisine. Her uyuşturucu bağımlısı, bir sonraki satranç karesine kendisinin iki katı kadar kişi bulup yerleştiremezse kendisi uyuşturucu alacak para bulamaz.

Her çocuğun peşinde bir sinsi takipçinin olabileceğini unutmayın.

Gazetelerde okuyoruz, ülkemizde uyuşturucu kullanma yaşı "ilkokul dörtlere beşlere" kadar inmiş durumda. Bu çocukların hiçbiri "bilerek" ve "isteyerek" uyuşturucuya başlamıyor.

Her çocuk melek yüzlü ve her çocuk masum... Her çocuğun peşinde bir sinsi takipçinin olabileceğini unutmayın. Yoksa çocuğunuzun en yakın arkadaşı tarafından nasıl da sevecen bir şekilde tuzağa düşürüldüğünü ne vezir olsanız anlayabilirsiniz ne de padişah...

"Sorun Yok, Ben Hallederim"

Televizyona gözümün takıldığı bir sıra ekranda çocuğunu bir örgüte kaptırmış babanın feryadı vardı: "Ben bu kızın babasıyım. Kızımı İstanbul'a okusun diye gönderdim. Bu faşistler benim kızımı kale yaptı. Hayatını söndürdü."

Bu sesli feryat gibi daha binlerce sessiz feryat var aslında. Kimseciklerin bilmediği, yüzlerin bir türlü gülmediği, cenaze evi gibi evler var çocuklarını "örgüt"e kaptırmış ailelerin...

Peki, nedir bu çocuğunu örgüte kaptırmak meselesi? Kim bu örgüt ve çocukları nasıl kapıyor ki bir süre sonra anne babalar "Bu çocuğa ne oldu!" dercesine şaşkınlık yaşıyorlar...

Aslında mesele her anne babayı çok yakından ilgilendiriyor olmasına rağmen bazı ebeveynler "Bizim çocuğun böylesi örgütle-mörgütle işi olamaz" diyerek tuzlarının kuru olduğuna inanıyorlar...

Örgütler, "birey psikolojisini" ve "ihtiyaçları" çok iyi biliyorlar. Bir anne babanın çocukları ile ilgilenmediği kadar gençlerle ilgileniyorlar.

Hâlbuki bir çocuğun bir örgüte "kapılması" sanıldığı gibi örgütlerin reklamının yapılmasıyla ya da çocukların davul zurnayla üniversite bahçelerinden toplanıp götürülmesi ile olmuyor.

Örgütler, "birey psikolojisini" ve "ihtiyaçları" çok iyi biliyorlar. Bir anne babanın çocukları ile ilgilenmediği kadar gençlerle ilgileniyorlar. Kantinde alışveriş yaparken parası eksik çıkan bir gence arka sıradaki bir başka genç tebessüm ederek; "Sorun yok, ben hallederim!" diye dost kazanma yollarını arıyor.

Dindar bir ailenin yirmi bir yaşındaki erkek çocuğuyla konuşmuştum geçmiş yıllarda. "Çok sevdim onları hocam" diye başladı söze ve devam etti: "Onlara haksızlık yapılıyor. Bir tanısanız, televizyonda göründükleri gibi terörist olmadıklarını siz de anlarsınız!"

Daha sonra örgütle nasıl tanıştığını anlattı: "Bir kızla tanışmıştım, çok şefkatliydi... Benimle annem gibi ilgileniyordu. Kışın üstüme kabanımı almasam bana kızar, "üşüteceksin" derdi. Derslerden bunalsam, sınav öncesi yardıma koşardı. Beni olduğum gibi kabul eden belki de tek kişiydi... Bir süre sonra onun hayatımın tamamını kapladığını gördüm."

Örgütler gençlerin sempatisini başlangıçta bir örgüt olarak kazanmıyorlar. Birebir dostluklarla gençlere ulaşıyorlar. Bu dostluklara aracılık eden gençler ise sevimli, sempatik ve arkadaş canlısı kişiler. Birlikte ders çalışıyorlar, kantinde çay içiyorlar, olumsuz olaylara karşı birbirlerini kolluyorlar.

Bu aşamada bulunan bir genç örgütle henüz "ideolojik bağ" oluşturmuş durumda değildir. Ancak bir süre sonra gruptaki kişilerin okudukları kitaplar, dinledikleri müzikler ve seyrettikleri filmler belli bir ideolojik formata bürünmeye başlıyor... (Bir ebeveyn ancak bu aşamada çocuğunun üzerinde birilerinin hâkimiyet kazanmaya çalıştığını fark edebilir; kıyafet değişir, okuduğu kitaplar değişir, dinlediği müzik değişir...)

Anne babalar çocuklarıyla, bir örgütün ilgilendiğinden daha çok ilgilenmelidir...

İdeolojik hazırlık aşamasında bulunan bir kişi bir gün, o çok bağlandığı arkadaşlarına devletin, polisin, mahkemenin haksız(!) bir tutumunu gördüğünde, haksızlığa karşı "mücadele etmek" vefası ile artık örgüt "mensubu" oluyor. Zira gençlerin içindeki en güçlü duygu "adalet" duygusudur. Bir genç gece gündüz birlikte olduğu, türküler söylediği, şarkılarla dans ettiği ve insana karşı bu kadar yardımsever olan bir arkadaşının polis dayağının altındaki aşağılanmış halini gördüğünde "isyan" ediyor... İşte bu aşamadaki gence "kuş kafese girdi" gözü ile bakılıyor. Hele ki bu gencin o çok sevdiği dostları bir de ağır bir cezaya çarptırılırsa, artık bu genci ne anne babası ne de eski dostları tanıyabilir... O artık bir dava adamıdır(!).

İşte televizyonlarda görünen, elleri arkaya kıvrılmış, başları öne zorla eğilmiş gençlerin "insanlık onuru işkenceyi yenecek" söylemi sizin için "saçma sapan" bir söz olsa da, o söz, o gençler için oldukça anlamlıdır...

Ülkemizde hâlen on iki yasa dışı örgüt ve örgüt niteliği taşımayan onlarca grup var: "Satanist" ve "hedonist" gruplar gibi... Bu örgüt ve grup üyeleri ortalama on dört-yirmi beş yaşlarındalar ve genelde lise ve üniversite içlerinde konumlanmış durumdalar.

Ülkemizde bu kadar aktif grup varken, hiçbir ebeveyn "benim tuzum kuru" dememelidir... Ve çocuklarıyla, bir örgütün ilgilendiğinden daha çok ilgilenmelidir...

İnternet Oyunları ve Farklı Bilinç Halleri

Onlarca kişinin katil zanlısını mahkemede yargılayan hâkim "Bu kişileri nasıl öldürdün?" diye sorduğunda, zanlı, salonda davayı izleyen mağdur yakınlarına dönüyor ve sanki elinde uzun namlulu bir silah varmış gibi karşısındaki kişilere doğrultup soğukkanlı bir şekilde "Pam, pam, pam! İşte böyle öldürdüm!" diyerek alaycı bir gülümseme ile hâkimin sorusuna cevap veriyor.

Hâkim bu duygusuz tavırlar karşısında rahatsız oluyor ve "Burada, izleyici sandalyelerinde, öldürdüğün insanların yakınları ve olaydan yaralı kurtulanlar var. Sen alaycı gülümseme ile ateş edişini anlatırken, onların ne hissettiğini düşünebiliyor musun?" dediğinde zanlı omuzlarını kaldırarak "Sinirleniyorlardır herhâlde" diyerek yine alaycı bir gülümseme ile cevap veriyor.

Bu olay, 22 Temmuz 2011'de Norveç'te yetmiş yedi kişiyi öldüren Norveçli Anders Breivik'in yargılandığı mahkemede yaşandı.

Hemen "Bana ne elin Norveç'inden, Danimarka'sından!" demeyin öyle. Çünkü bu adamın vicdan acısı

Kişiyi farklı bilinç hâllerine sokan sadece şiddet oyunları değildir. Bunların yanı sıra birçok sempati ounu da vardır.

duymadan insan öldürebilecek kıvama gelmesi "Aman bana ne!" denilecek kadar basit bir olay değil. Hele ki çocuğunuz varsa...

Ruhsal yapısı tamamen arızaya uğramış bu kişinin internet ve şiddet oyunları ile ilgili söylediği şeyler hayli dikkat çekici.

Otuz iki yaşındaki bu adam mahkemede günde yaklaşık on altı saat internette şiddet oyunları oynadığından bahsediyor. Silah kullanmayı, nişan almayı, ateş ettiğinde karşısındaki kişinin can çekişini tebessümle izlemeyi şiddet oyunları ile yaşamış ilk defa.

Şiddet oyunları oynayan herkes katil mi oluyor? Tabii ki değil. Ama bazı oyunlar var ki oynayan kişiyi "farklı bilinç hâllerine" sürüklüyor. Kişiyi farklı bilinç hâllerine sokan sadece şiddet oyunları değildir. Bunların yanı sıra birçok sempati ounu da vardır.

Nedir farklı bilinç hâlleri?

Bilincin gündelik yaşam akışından kopması ve hayalî paralel bir yaşam içerisine girmesidir.

Günümüz teknolojisi ile üretilen oyunların birçoğunun çok tutulması, oynayan kişiye farklı bilinç hâlleri yaşatmasından ve onu paralel bir yaşam tarzına sürüklemesinden kaynaklanıyor. Bu türevdeki oyunlar özellikle Norveç katliamından sonra Batıda adım adım takip ediliyor ve yasaklanıyor. Mesela Norveç, elli bir adet oyunun ülkesine girişini ve oynanmasını yasakladı.

Neden yasaklanıyor? Çünkü farklı bilinç hâllerini yaşamaya başlayan kişiyi oluşturduğu o paralel yaşamdan çıkartmak oldukça zor. "Fizik" olarak bilgisayarın arkasında olmasına rağmen "ruhu" ile oyunun içine giriyor.

Bu oyunlar genelde, FTS (First Person Shooter) tarzında hazırlanıyor. Yani siz oyunu oyundaki karakterin gözünden bakarak oynuyorsunuz.

Mesela, ekranda yarısı görünen bir silah ve bu silahı tutan iki el görünüyor. Çocuk bu oyunu oynarken, karşıdaki düşmanların kendisini öldürmemesi için yoğun bir şekilde ekrana kendini vermek zorunda kalıyor. Vurulmamak için eli her an ekranda yarısı görünen silahın tetiğinde gergince bekliyor. İşte bu yoğun konsantrasyon halinde iken bir süre sonra bir şey fark ediyorsunuz; ekranda yarısı görünen silah ve o silahı tutan el sanki sizin eliniz oluveriyor. Ve siz birden kendinizi ekranın içinde hissetmeye başlıyorsunuz. Siz şu an oyun oynayan değil, oyunun içinde yaşayan birisiniz artık. Hoparlörlerden duyduğunuz ayak sesleri kendi ayak sesleriniz, nefes alıp vermeler sizin korku ile nefes alıp vermeleriniz oluveriyor. Oyunun içindeki merdivenleri çıkarken farkında olmadan ayaklarınız kımıldamaya, oyunda biri sizi vurmasın diye duvar arkasına saklanmaya, oturduğunuz koltukta omuzlarınız yana yatmaya, karşınızdaki insanları vururken yüzünüzde önceleri heyecan ve korku, sonraları ise öldürdüğünüz insanlar adedince bir mutluluk hissi oluşmaya başlıyor, karşı koyamıyorsunuz.

Aslında, anne babaların yeme-içme saatinde bile oyunu bıraktıramadığı çocukları ile yaşadıkları çatışmalar, oyun oynayan bir çocuk ile anne baba arasındaki sıradan çatışmalar değil, farklı bilinç halinde ekranın içindeki atmosferi yaşayan çocuğun ekranın dışına çıkamadığı hâldir.

Hâlbuki çocuğunuzun o minicik kalbini bir takip etseniz... Kendi yanınızda oyun oynadığını zannettiğiniz çocuğunuzun ruhen kim bilir hangi karanlık ve nemli mahzenlerin içinde nasıl da bir yarasa ruhu geliştirdiğini ürperti ile göreceksiniz.

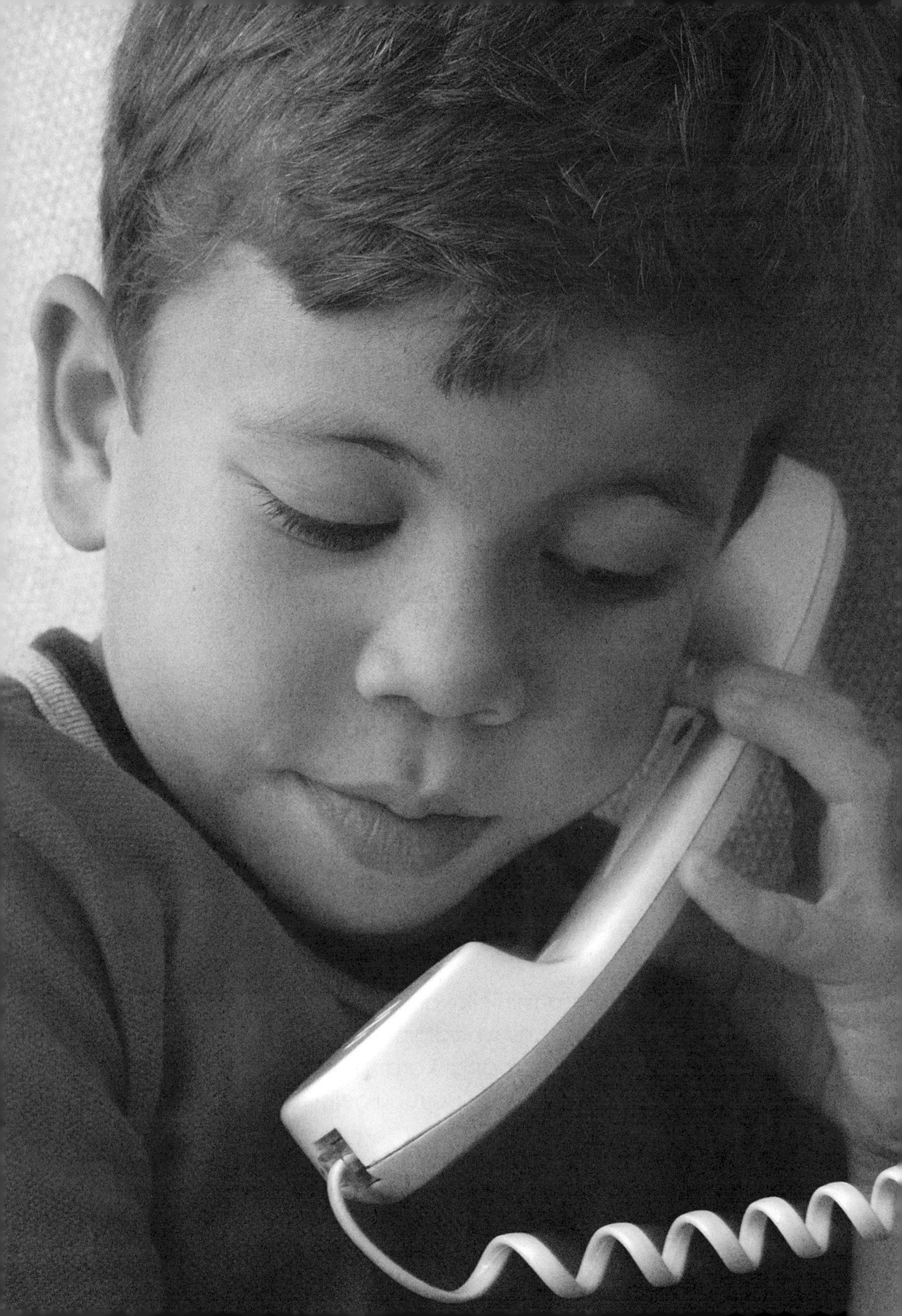

İletişim Yeteneğini Kaybeden Çocuklar

Uzun zamandır görmediğim bir arkadaşıma hâl hatır sormak için telefon ettim.

Telefona on üç-on dört yaşlarındaki oğlu çıktı.

Kendimi tanıttıktan sonra biraz hasbihal etmek için; "Seni en son gördüğümde altı yaşındaydın, hatırlayabildin mi beni?" dedim.

Cevap tek kelimelikti; "I ıh."

Ben yine de konuşmakta ısrarlıydım, "Hani ilkokula başladığında, ilk gün okula seni baban ve ben götürmüştük, hatırlıyor musun?"

Cevap yine tek kelimelikti; "Hayır."

Anladım ki, günümüz gençlerine "musallat" olan aktif iletişim yeteneğinin kaybolması bu delikanlıyı da yemiş bitirmişti.

Arzu ederdim ki, ben kendimi tanıttıktan sonra o da "Merhaba, ben de falan oğlu filan" diye cevap versin. Beni hatırladın mı diye sorduğumda da, "Kusura bak-

Göz ucu ile dinlenen, konuştukça sözü kesilen, her konuştuğuna bir eleştiri getirilen çocuklar bir süre sonra kısa kısa konuşmaya başlar.

mayın, tam çıkaramadım" desin ve "Siz nerede yaşıyorsunuz, başka nasıl hatırlayabilirim sizi?" diye diyalogu "aktif" şekilde devam ettirebilsin.

Ama olmadı...

Sözü daha fazla uzatmadan, "Baban evde ise görüşebilir miyim?" diye sordum. Bu sefer hiç cevap vermeden, "Babaaaa, biri seni arıyor" diye seslendi ve ahizeyi masanın üzerine pat diye bıraktı.

Ne bir veda ne de bir selam...

Üzülüyorum, hem de çok.

İletişim bir akarsudur. Kişi iletişim içinde oldukça billur bir çağlayan gibi yaşama sevinci ile dolar ve çevresindeki kişilerin ruhunu okşar.

İletişim yeteneğini kaybetmiş kişiler ise bir bunaltı kaynağıdır. Yanında canınız sıkılır, ne diyeceğinizi bilemezsiniz, öylece derin nefes alır, of çeker durursunuz.

Aktif iletişim yeteneği çocukluk yıllarında elde edilir ve ömür boyu kullanılır.

Kendisini dinleyen bir ebeveyn yanında "dili tatlanan" çocuk, kendisini ifade etmenin keyfini çıkarır.

Göz ucu ile dinlenen, konuştukça sözü kesilen, her konuştuğuna bir eleştiri getirilen çocuklar bir süre sonra kısa kısa konuşmaya başlar. Böylesi kişiler için iletişim bir hayat tarzı değil, sanki bir mecburiyetin yerine getirilmesidir.

Aktif iletişim yeteneğini yitirmiş kişiler genelde "hiç anlaşılmadıklarından" şikâyetçidir. Hâlbuki anlaşılmak ancak kendini ifade etmekle mümkündür. Fakat böyle kişilerin beklentisi "söylemeden anlaşılayım" oluyor.

Kendisini ifade edemeyen kişilerde bir süre sonra "içsel konuşmalar" başlar. Kişi kimi zaman bulaşık yıkarken, kimi zaman yolda yürürken kendi kendine konuştuğunu fark eder. Kendi kendine konuşmaktan yorulmaya başladığında, bunalımların başladığı görülür.

İletişim kişinin kendisini depresyondan koruyan kalkanıdır.

İletişim kişinin kendisini depresyondan koruyan kalkanıdır.

Peki, ne oluyor da günümüzde aile içinde iletişim kesiliyor, çocuklar dinlenmiyor, eşler birbirileri ile konuşamıyor? Araştırmalar gösteriyor ki, günümüz ailelerinde televizyon, internet, sosyal iletişim ağları ve akıllı telefonlar aile bütünlüğünü bozan, aktif iletişim becerisini pasif iletişime çeviren en güçlü zarar vericilerdir.

Huzurlu bir aile hayatı ve çocuklarına güzel bir gelecek arzu eden anne babalar, teknolojinin bu nimetleri ile barışık ama kontrollü olarak onların nasıl kullanılması gerektiğini çocukları ile birlikte planlamalı, buna "önce kendileri uymalı", çocuklarında da alışkanlık haline getirmelidir.

Yoksa telefona çıkan arkadaşımın dediği gibi, "Hocam, kusura bakmayın herhâlde çocuk sizi tanıyamadı, özür dilerim!" demenin mahcubiyeti hissediliyor.

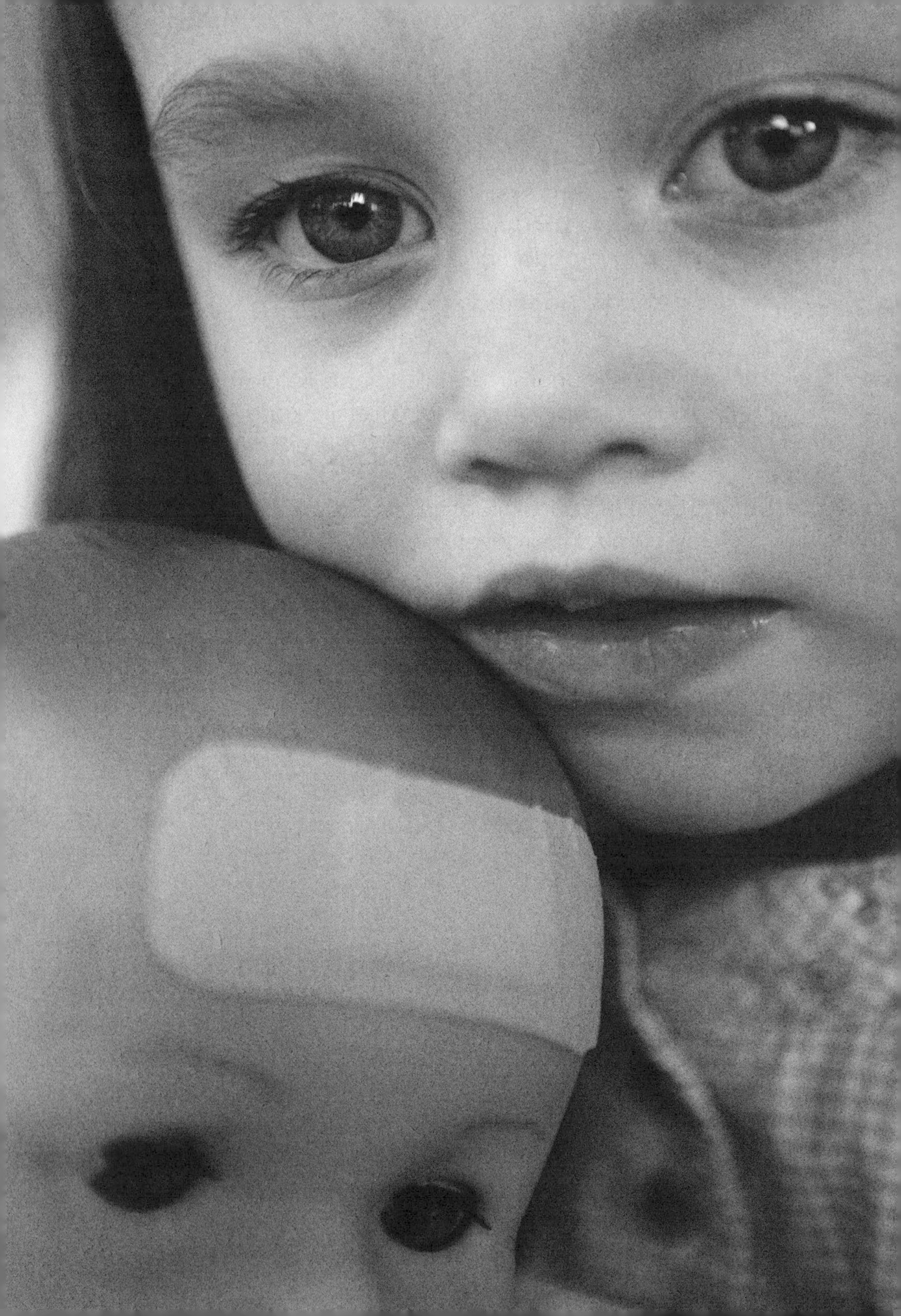

Suçluluk Duygusu Kalıcıdır

On dokuz yaşında bir genç kız vardı karşımda. Başından geçen bir olayı ağlayarak anlatıyordu:

"Hocam, ölmek istiyorum! Yaşamaktan bıktım artık!"

"Ne oldu, nedir problem?"

Genç kız gözyaşlarını silerek anlatmaya başladı: "Dün sınıfın içinde bir arkadaş parasını kaybetti. Arkadaş bütün sınıfa hitaben 'Param masanın üzerinde, cüzdanın içinde duruyordu. Kim çaldı ise hakkımı helal etmiyorum.' diyerek gözlerimin içine baktı. Kalbim duracak gibi atmaya başladı... O sırada yer yarılsa da yerin dibine girseydim daha iyiydi. Ağzım kurudu. Ellerim ter içinde kaldı birden."

"Kalbin neden duracak gibi oldu ki? Sen mi çaldın parayı?"

"Hayır hocam, Allah korusun, o nasıl söz öyle!"

"E, sana ne oluyor ki çalmadığın paranın suçlusu gibi davranıyorsun?"

Genç kız biraz durdu. Sakinleşmek için bir nefes aldı. Anlaşılan anlatacak çok şeyi vardı: "Benim çocukluğumdan beri kimin neyi kaybolsa, hemen içim daralır, yüzüm kızarır. Ellerim terler. Sanki beni suçlu bulacaklar diye korkarım. Bir keresinde misafirliğine gittiğimiz evin sahibi taşlı yüzüğünü kaybetti. Kendimi öyle kötü hissettim ki stresten ağladım orada."

"Peki, küçükken hatırladığın benzer bir olay var mı?"

Elini yüzüne kapattı ve ağlamaya başladı. Bekledi... Sonra anlatmaya başladı:

Küçüktüm. Okula henüz başlamamıştım bile. Karşı komşumuzun kızının bir bebeği vardı, çok güzeldi. Bazen onlara gidiyordum oyun için ama o bebekle oynamama hiç izin vermiyordu. Bir gün onların evinde oyun oynadık, tam eve gelirken bebeği koltuğun üzerinde gördüm. Kimse yoktu yanımda, gizlice yanıma aldım. Kapıyı çaldım, annem açtı. Odama geçtim, bebekle gizli gizli oynamaya başladım.

Biraz sonra komşu kadın kapıyı çaldı, annem açtı. Kapı ağzında anneme 'Yanlış anlama ama bizim kızın bebeğini evde bulamıyoruz, sizin kız yanlışlıkla almış olmasın?' dediğini duydum.

Birden içime bir korku düştü. Çocuk aklımla hemen bebeği dolabın içine sakladım. Komşu kadın gitti, annem yanıma geldi. Sert bir sesle 'Buraya gel!' dedi. Korkarak yanına gittim. Elinde demir bir sopa vardı. Önce 'Sen mi aldın?' dedi. Benim ağzım kurumuştu, konuşamadım. Ben almadım demek için başımı sağa sola çevirdim. Annem 'Ben yalan söyleyenin gözlerinden anlarım, gözlerime bak!' dedi. Gözlerimi açarak annemin gözlerine baktım. Bir ara annemi sanki bir 'canavar' gibi hissettim. Annem gözlerimden yalan söylediğimi anlayacak diye korktum. 'Anne ben aldım. Anne ben aldım. N'olur dövme!' diye ağlamaya başladım. Annem saçımdan tuttu, yukarı kaldırdı. 'Nerede oyuncak, çabuk çıkar!' dedi. Dolabın içindeki bebeği çıkardım. Annem bebeği görünce yüzüme hızlı hızlı vurmaya başladı. Hırsını alamadı, kulağımı, burnumu, ağzımı yolmaya çalışıyordu. Deli gibi olmuştu sinirden. Sonra nefes nefese durdu, 'Bu bebeği alacaksın, komşuya götüreceksin. Onlardan özür dileyeceksin!' dedi ve beni karşı komşuya göndermek için kapının yanına getirdi. Ben utanarak gittim, kapıyı çaldım. Komşu kadın açtı, arkadaşım da oradaydı. Ben hiçbir şey söylemeden bebeği uzattım. Annem 'Bizimki almış, kusura bakmayın.' dedi."

Ayıpların örtülmesi tavsiye edilen bir kültürel altyapıya sahip olan anne babalar nasıl oluyor da çocuklarının ayıplarını yüzlerine vuruyor?

Genç kız çocukluğunun bu hikâyesini anlatırken, karşımdaki koltukta ezilmiş kalmıştı. Anlatacakları bitmemiş olacak ki devam etti: "Şimdi o kızla aynı üniversitedeyiz. Haftanın her günü karşılaşıyoruz. O bana çok iyi davransa da ben onun yanında kendimi hep 'aşağılık' biri gibi görüyorum."

Yetişkinlik yıllarındaki üç "kene" duygudan biridir "suçluluk" duygusu... Çocukluk yıllarında insana yapıştı mı söküp atmak neredeyse imkânsızdır.

Ülkemizdeki çocukların "terbiye" adına kendi anne babası tarafından böylesi zarara uğratıldığının şahidi oldukça tuhafıma gidiyor. Ayıpların örtülmesi tavsiye edilen bir kültürel altyapıya sahip olan anne babalar nasıl oluyor da çocuklarının ayıplarını yüzlerine vuruyor, onları konu komşu önünde teşhir ediyor, gerçekten garibime gidiyor.

Öğretmenlik zarar vericilik, aşağılayıcılık, küçük düşürücülük değil ki.

Önceki gün ilkokul birinci sınıfta kızı olan bir anne aradı. Kızının okula gitmek istemediğini söyledi, yardım istedi.

"Neden gitmek istemiyor ki kızınız okula?"

"Öğretmen, kızım ödevini yapmadığı için tahtaya çıkarmış, tek ayak üstünde ders sonuna kadar beklet-miş" dedi.

Çok üzüldüm... "Gidin öğretmenle konuşun, çocuğunuzu böyle suçlu ilan eder gibi tahtaya çıkarıp küçük düşürmesin" dedim. "Gittik, konuştuk" dedi.

"Ne dedi?"

"Bunu kızımın iyiliği için yapıyormuş, öyle söyledi."

Ne denir bilemiyorum ki... Öğretmenlik zarar vericilik, aşağılayıcılık, küçük düşürücülük değil ki. Eğitim için, terbiye için çocuklar yok ediliyor. Tuhafıma gidiyor...

Çocukluk Yılları ve Değersizlik Hissi

İnsana hizmet etmek insanı sevebilmekle başlar.

İnsan sevgisi barındıran kişilerin iki duygu durumu belirgindir: "Mahcubiyet" ve "Tevazu". Tersinden söyleyecek olursak, insan sevgisi olmayan kişiler alçak gönüllü olmayı ve mahcubiyet hissini bilmezler. Bu hâl "duyarsızlık"tır.

Ve bütün zarara uğratıcılar "duyarsız"lardır.

Katiller "duyarsız"lardır örneğin. Öldürdükleri kişilerin çocuklarına karşı kendilerini mahcup hissetmez, onların acısını duymazlar...

Duyarsızların en çok zarara uğrattıkları kişiler kadınlar, çocuklar, yaşlılar ve engellilerdir. Çünkü bunlar zayıftır, savunmasızdır. Ve duyarsızlar savunmasızlara zarar vermekten haz alırlar.

Duyarsız kişi civciv dolu bir kümese giren kedi gibidir. Sevimli yüzüne aldanmamak gerek, bütün civcivleri telef eder.

Küçükken bir kümesimiz vardı. Pazardan aldığımız civcivleri koymuştuk içine. Bir sabah kalktığımda civcivlerimin korkak ve ince sesleri geldi kulağıma. Hemen bahçeye koştum. Korku içinde sağa sola kaçıştıklarını gördüm. Onların korkusu beni de korkuttu. Neden korkmuşlar da sağa sola kaçışıp köşeye sinmişler ve çaresizce ağlaşıyorlardı? Arkama dönüp baktığımda duvarın üzerine sinmiş, bir çift "duyarsız göz" gördüm. Kedi korku salan gözlerle civcivlere bakıyor, civcivler o bakıştan ürkerek sağa sola kaçışıyordu. Kedi benim kendisine baktığımı görünce yüzü yumuşadı, "miyav" diyerek kucağıma çıkmak istedi. Civcivlere gösterdiği yüzünü bana göstermiyordu. Çünkü civcivler zayıftı, bense güçlüydüm.

Anne babası olmayan çocuk korumasız bir civciv gibidir. Onlar şirin görünümlü aç kedilere teslim edilmez. Perişan olurlar.

Bütün bunları neden söylüyorum? Çünkü kırgınım ve üzgünüm.

Bir zamanlar gazetelere, anne babası olmadığı için, İskenderun'da bir "sevgi evinde" kalan çocuklara neler yapıldığının haberleri yansımıştı.

Çocuklara bir anne şefkatiyle sahip çıkması gereken görevli kadınlar yaramazlık yapıyor diye onları oklava ile dövmüş, tuvalete kilitlemiş, yağmur altında bekletmiş, on iki yaşındaki bir kız çocuğunu kendi evlerine götürüp temizlik yaptırmış. Haberi okuyunca içim daraldı.

Ülkemizde son dönemde hızla yayılan sevgi evlerinde görev yapan kişilerin mesleki bilgi ve becerisinden önce, "duyarlılığına", yani insan olma özelliği taşıyıp

Duyarsızların en çok zarara uğrattıkları kişiler kadınlar, çocuklar, yaşlılar ve engellilerdir.

taşımadığına bakılmazsa, yarın bu türden haberleri çok okuruz diye endişelendim.

Çocukluk çağında telef olma, yetişkinlikte zarara uğramaya da benzemiyor, bir ömür boyu insan ruhunda izi kalıyor.

On sekiz yaşında bir delikanlı gelmişti yanıma.

"Kendimi çok değersiz hissediyorum" dedi.

"Ailen var, kardeşlerin var..." dedim.

"Var ama..." dedi ve sustu.

"Olsun" dedim, "Kimsenin sana değer verip vermemesi ile sen değerli veya değersiz olamazsın. Sen insansın. Ve değerlisin. Bu yeter." Dedim, ikna edemedim.

"Doğrusunuz, ama..." dedi, sustu.

"Bana çocukluğunu anlatır mısın?" diye sorduğumda, ilk anlattığı şey ilkokul öğretmeni oldu:

"Hiç unutamıyorum, birinci sınıftaydım, ders sırasında çok sıkışmıştım. Öğretmenimden lavaboya gidebilmek için izin istedim, 'otur oturduğun yerde' deyip izin vermedi. Tutamadım kendimi ve oturduğum yerde altıma kaçırdım."

Sonra sustu ve ağladı. "Sonra..." dedim.

"Öğretmenim altıma kaçırdığımı gördü, sert bir sesle 'kalk tahtaya' dedi. Arkadaşlarımın içinde bana 'Altına yaparak dışarı çıkacağını zannediyorsan yanılıyorsun. Çıkartmayacağım seni dışarı!' dedi ve ders bitene kadar ıslak pantolonumla beni tahtanın önünde bekletti. Hâlâ insanların karşısında ayakta dururken, sanki altım ıslakmış gibi hissediyorum, insanların karşısında duramıyorum" dedi.

Bilmem yetkililer bu konuda ne düşünür ama çocukla baş başa kalınan mesleklerde, mesleki bilgiden önce "insan olma" özelliklerine, bu kişilerin alçak gönüllü olup olmadıklarına bakılmazsa, bu ülkenin civcivleri telef olur. Sonra telef olanlar telef edici olur.

Erzurumlu Alvarlı Efe Hazretleri ne güzel söylemiş: "Allah bizi insan ede..."

Çocukluk çağında telef olma, yetişkinlikte zarara uğramaya da benzemiyor, bir ömür boyu insan ruhunda izi kalıyor.

Hitap Edilemeyen Çocukların Dramı

Konsantrasyon iki şekilde oluşur: Kaygı ve merak duygusu.

Kaygı, bir savunma halidir ve geçici bir süre konsantrasyonu artırır. Şöyle ki: Benlik kendini tehdit altında hissettiğinde, hayati birçok fonksiyonunu askıya alır ve tehditten kurtulmak için kaygı duyduğu noktaya odaklanır. Ancak kaygı süresi uzadıkça yeni savunma mekanizmaları devreye girer: "Unutkanlık" veya "zihinsel körlük"...

Mesela, sert ve baskıcı bir öğretmen derslerine çalışmayan öğrencilerinde onları sınıfta bırakacağına dair kaygı oluşturuyorsa bu durum, belki öğrencilerin belli bir süre derslere odaklanmasını sağlayabilir. Ancak günler geçtiği halde tehdit devam ediyorsa, öğrenciler, öğrendikleri konuları "unutmaya", öğretmenin anlattığı detayları artık "algılayamamaya" başlar.

Bu sadece okulda değil, çocuğun yaşadığı bütün ortamlarda böyledir.

Bir çocuğa yapılabilecek en büyük haksızlık onun merak duygusunu yok etmektir

Çocuk kendini ceza, baskı, zorlama, aşağılama ile tehdit altında hissettiğinde belki istenilen davranışı bir yaşa kadar sergileyebilir ancak zaman geçtiği halde tehditlerden kurtulamıyorsa bir süre sonra "yılışmaya" ve "şımarıklık" yapmak sureti ile "dikkatini dağıtmaya", kendisinden istenilen davranışları "yok kabul etmeye" çabalar.

Günümüzde başarısız olduğu "zannedilen" birçok çocuğa yaşatılan trajedi aslında bundan farklı değildir.

Hâlbuki doğal öğrenmenin bitmek tükenmek bilmeyen gücü "merak" duygusudur. Merak, Allah'ın insanlara bir lütfudur ve kişinin içinde yaşadığı kâinatı kavrayabilmesi için garip bir enerji halidir.

Bir çocuğa yapılabilecek en büyük haksızlık onun merak duygusunu yok etmektir ve en başarısız eğitici, çocuğu, yaşı itibari ile yöneldiği merak alanından bir kanal bulup kendi anlatacağı konuya bağlayamayan eğiticidir.

Çocuk her yaş döneminde farklı konulara merak duyar. Yine her çocuk mizacındaki farklılığı ile merak duyduğu alanlarda diğer yaşıtlarından ayrılır.

Bir yetişkinin kendisinde geliştireceği en önemli özellik, çocuğun merak duygusunu keşfedebilecek derinlikte duyarlılığa sahip olmaktır. Merakına hitap edici bir derinlikte rehberi olan çocuğun kendinde geliştirdiği yetenek "konsantrasyonudur".

Konsantrasyon, bir "engel duyusu" oluşturur.

Engel duyusu; bir duyunun daha yoğun çalışabilmesi için, diğer duyuların işlevini geçici olarak yavaşlatması veya bilinç dışına itmesi halidir.

Mesela, öğretmenini dinleyen bir çocuğun gözlerini kırpmadan tavana bakması, aslında o çocuğun farkında olmadan kendisinde bir engel duyusu oluşturması hâlidir. Çocuk, görmek duyusunu geçici olarak askıya alarak zihinsel yoğunluğu artırma çabasındadır. Bazı çocukların gözlerini kapatıp sıraya başını koyması da bundan farklı bir şey değildir.

Başarısız çocuktan değil, hitap edilememiş çocuktan bahsetmek gerek.

Veya öğretmenini dinlerken ağzı açık kalan bir öğrencinin durumu da böyledir. Zihin, konsantrasyon gücünü artırabilmek için vücudun birtakım organlarının kontrolünü devre dışı bıraktığında çocuğun ağzı açık kalmış olabilir.

Tıpkı bunun gibi, ebeveynini yoğun bir konsantrasyon içinde dinleyen çocuk, koltuğun üzerinden baş aşağı sarkabilir. Bu durum çocuğun yetişkine karşı lakaytlığı değil, aksine anlatılan konuyu daha yoğun bir konsantrasyon ile dinlerken bazı vücut fonksiyonlarının kontrolünü bırakması hâlidir.

Hâlbuki konsantrasyonu olmayan çocuktan değil, merakı yok edilmiş çocuktan bahsetmek gerek.

Şımarık çocuktan değil, şımartılmış çocuktan bahsetmek gerek.

Başarısız çocuktan değil, hitap edilememiş çocuktan bahsetmek gerek.

Ve söz dinlemeyen çocuktan değil, itibarını kaybetmiş ebeveynden bahsetmek gerek.

12
1
2
3
4
5
6
7
8
9
10
11

Çocuklarda Zamana Karşı Duyarlılık

Çocuk terbiyesinin özü çocuklara "irade" kazandırmaktır. Günümüz anne babalarının çocukları ile yaşadığı birçok problemin temelinde çocukların iradelerini kullanamamaları yatar.

Kendine gücü yetmeyen, bir iş ve beceri sergileyemeyen çocukların hâlleri aslında irade yoksunluğundan kaynaklanır. Ancak irade sahibi bir çocuk namaz kılabilir, masa başında saatlerce oturup dersine odaklanabilir.

Siz ebeveynlerin aklına "O halde çocuklarımıza nasıl irade kazandırabiliriz?" diye bir soru mutlaka gelecektir.

Aslında bu soru çocuk eğitiminin en önemli sorusudur.

O halde baştan başlayalım ve adım adım çocuğun irade kazanım ve kayıp sürecini izah etmeye çalışalım.

Önce "İrade nedir?" sorusuna cevap verelim: "Bir şeyi yapıp yapmamaya karar verme gücüne" irade deniyor. Bir başka deyişle, düşünce kalkabilme, bir işi sonuna kadar takip edip yapabilme gücüne irade diyoruz.

Ancak irade sahibi bir çocuk namaz kılabilir, masa başında saatlerce oturup dersine odaklanabilir.

Aslında çocukluk döneminde çocukların güçlü bir iradesi vardır... Daha erken çocukluk döneminden itibaren yaşama sevinci ile dolu dolu ve hep "bir şeyler yapmak" için çaba sarf eder çocuklar... Yetişkin bu dönemde çocuğun yapabilirliğinin önüne engel koymamalıdır.

Mesela, üç yaşına gelmiş bir çocuk merdivenlerden artık "kendisi" inmek ister. Böylesi bir istek ebeveyn için bulunmaz bir fırsat olarak görülmelidir. Ve çocuğun o "badi badi" merdivenlerden inişi sırasındaki mücadelesi hayret makamından izlenmelidir. Eğer böylesi bir durumda yetişkin çocuğu kucağına alarak kendisi indirmeye kalkarsa çocuğun iradesini kırmış olur.

Ayakkabılarını kendi başına giyebilecek olgunluğa erişmiş dört yaş çocuğunun ayakkabılarını annesi diz çökerek giydiriyorsa, yemek yeme becerisini kazanabileceği üç yaş döneminde ebeveyn hâlâ çocuğuna kendisi yemek yediriyorsa, ilkokul dönemindeki bir çocuğun "ne zaman" neyi yapması gerektiğini hâlâ anne babası organize ediyorsa, bu durumdaki çocukların irade gelişiminden bahsetmek oldukça zor olur.

Yaz aylarından birinde ailecek bir piknik alanına gitmiştik. Bir ağacın altına oturmuş çocuklarımızı seyrediyorduk. En küçük oğlum iki buçuk yaşındaydı o zaman. Abileri bisiklete binmiş keyifle etrafta dolaşırken o da bisikletlerin peşinde coşku ile koşuyordu. Bir ara ayağı yere takıldı ve yüz üstü düştü. Önce bir şey oldu mu acaba diye dikkatle baktık, bir şey olmamış, sadece düşmüştü. Bu bizim için bulunmaz bir "irade" kazanım fırsatı idi. Hiç panik yapmadık. Acele etmeden, sükûnetle, onun ne yapacağını uzaktan seyretmeye başladık. Elleri toprağa çarptığı için biraz acımıştı galiba. Ama yine de ağlamadı. Önce öylece biraz bekledi ve sonra yavaşça ayağa kalkmaya çalıştı. Tam da bu sırada orada bir başka ağacın altına oturmuş yaşlı bir teyze çocuğu gördü ve koşarak yanına gitti. "Vah yavrum!" diye çocuğu kaldırırken, bir yandan da ağaç altında istifini bozmadan oturan bize bakıp "Bunlar anne baba olacak, biz de göreceğiz!" diye bir güzel söylendi.

Hâlbuki o sırada bizim için bir fırsat doğmuştu. Düştüğü yerden kalkabilmek için iradesini kullanmaya çalışan bir çocuk vardı ortada. Ancak yaşlı teyze bizim bu irade kazanım eğitim fırsatını kaçırmamıza sebep olmuştu.

Bu ve benzeri onlarca örnek yaşıyor çocuklar gündelik hayatta. Yetişkinler çocuğa yardımcı olmak için onun "kendi yapabilirliğinin" önüne geçtiklerini maalesef fark edemiyorlar.

Peki, "Çocuk artık büyüdü ve şimdi nereden başlayacağız?" diye soruyorsanız, o halde size tavsiyem, yeniden irade kazanımını "zaman kullanma" becerisi elde etmeye çalışmakla başlayın. Çocuğunuza bir "mekanik" kol saati alın. Ve ona zaman kullanımını öğretin. Acemice de olsa kendi kolundaki saati kullanarak yaşamı organize etmeye çalışırken aslında "irade" kazanımının adımlarını da atacaktır.

Hayatı Yaşayarak Öğrenmek

Babası oğluna "Artık büyüdün, delikanlı oldun. Bu yaştan sonra kendi ekmeğini kendin kazanmalısın" demiş.

O güne kadar hazır yemeye alışmış çocuk babasının sözüne gücenmiş, annesinin yanına gitmiş ve yalvarmış: "Anneciğim, babam artık benim de çalışmamı, eve para getirmemi istiyor. Ama ben çalışmak istemiyorum, zor gelir. N'olur bana yardım et!"

Annesi "Ben sana nasıl yardımcı olabilirim ki oğlum" deyince çocuk şu teklifi yapmış: "Ben her gün vereceğin küçük işleri yapsam, bunun karşılığında her akşam bir altın versen, ben de babama 'ben çalıştım bu bir altını kazandım' desem, olur mu?"

Anne yüreği işte, önce kabul etmemiş, sonra delikanlının ısrarına dayanamamış, "Peki, tamam" demiş.

Delikanlı o gün annesinin verdiği ufak tefek işleri yapmış, gün bitiminde de bir altın almış. Akşamüzeri babası gelince lafı yetiştirmiş: "Bak baba bugün çalıştım bu altını kazandım."

Parayı henüz anlamlandırmamış bir çocuk eşyanın kıymetini bilemez. Elinde var olan ile yetinmek yerine daha iyi olanına göz diker.

Babası tebessüm etmiş, "Aferin oğlum... Ver o bir altını bana ve peşimden gel" diyerek oğlunu bahçeye çıkarmış. Bahçedeki kuyunun başına gelmişler.

Babası çocuktan aldığı bir altını parmak uçlarında tutarak kuyunun üzerine getirmiş. Çocuk şaşkın gözlerle babasına bakarken parmaklarının arasında tutuğu altını bırakıvermiş. Altın kuyuya düşmüş.

Çocuk şaşkınca sormuş: "Baba neden altını kuyuya attın?" Babası tebessüm ederek, "Vakti gelince anlarsın!" demiş. Ardından sükûnetle içeri girmiş. Çocuk babasının arkasından öylece bakakalmış.

Ertesi gün yine çocuk annesinden bir altın almış ve babasının yanına gelerek; "Babacığım bugün de bir altın kazandım" demiş. Babası çocuğun elinden altını almış, "Gel hadi" diyerek yine bahçeye çıkmışlar ve oğlunun gözüne bakarak altını kuyuya atmış. Çocuk şaşkın şaşkın bakarken babası yine hiçbir şey söylemeden oradan ayrılmış.

Günler böyle geçmiş...

Ancak bir süre sonra annesi, "Oğlum artık bende altın kalmadı. Kendine bir iş bul çalış, yoksa akşam babana karşı mahcup olursun" diyerek uyarmış.

Çocuk çaresizce o gün akşama kadar zor ve zahmetli işlerde çalışmış, karşılığında ancak yarım altın kazanabilmiş.

Akşam olduğunda, yorgun ve tükenmiş halde babasının karşısına çıkan delikanlı müjdeyi vermiş: "Baba, bu gün çok çalıştım ama ancak yarım altın kazanabildim" demiş.

Babası; "Peki oğlum" demiş, "Ver hadi o yarım altını" diye elini uzattığında, çocuk aniden tepki göstermiş: "Ne yapacaksın baba bu altını?"

Güngörmüş baba sakin bir sesle karşılık vermiş: "Her gün yaptığımızı yapacağız oğlum, kuyunun başına gideceğiz ve altını kuyuya atacağız!"

Çocuk "Asla olmaz baba! Atamazsın bu altını kuyuya. Bir yarım altını kazanmak ne kadar zor biliyor musun?" deyince babası tebessüm etmiş: "İşte oğlum kuyunun hikmeti bu. Yarım altının bir tam altından daha kıymetli olduğunu nasıl da ortaya çıkardı değil mi?"

Günümüz çocukları maalesef "tasarrufu" ve "paranın kıymetini" bilmiyor. Her bir kuruş paranın bir çaba ile o eve geldiğinden habersiz yetişiyorlar.

Günümüz çocukları maalesef "tasarrufu" ve "paranın kıymetini" bilmiyor.

Yaz dönemleri çocukların "parayı anlamlandırması" ve "tasarrufu öğrenebilmesi" için bir fırsata dönüştürülebilir.

On iki yaşını geçmiş çocukların kendileriyle konuşularak, anlaşılarak, tanıdık bir esnafın yanında tecrübe kazanması sağlanabilir. Örneğin bir manav veya kırtasiye yahut tuhafiye; çocuğun hoşuna gidecek her hangi bir işletme...

Maksat, çocuk üzerinden para kazanmak değil, onun bir dostun yanında hayata dair tecrübeler kazanmasını sağlamak. Örneğin manavda bulunan bir çocuğun iki kilo elmayı tartıp, "Efendim altı lira tuttu" diyebilmesi. Müşteriden aldığı on liranın üzeri olan dört lirayı verebilmesi çocuğun sosyal becerisine destek olacağı gibi matematik becerisine de katkı sağlar.

Parayı henüz anlamlandırmamış bir çocuk eşyanın kıymetini bilemez. Elinde var olan ile yetinmek yerine daha iyi olanına göz diker. Daha iyiyi bulsa da ondan daha farklısının peşine düşer.

Eşyanın kıymetini bilmeyen çocuğun parasını ister sokağa atın, ister kuyuya fark etmez. O daha sonra anne babasının bitmek bilmeyen hazinesinden (!) yine para geleceği umudunu taşır. Umutları gerçekleşmediği kadar da agresifleşir, küser, o anı ebeveynine dar eder.

İşte bu yüzden, tatilleri fırsat bilip çocuklara temel kişilik değerlerinden bazılarını kazandırmaya gayret etmek bir ebeveynlik görevi olsa gerek...

HER ÇOCUK ÖZELDİR

Her Çocuk Özeldir

Osmanlı Devleti'nin eğitim sistemi oldukça ilginçtir. Her çocuğun sahip olduğu potansiyeli ortaya çıkarmak ve o potansiyeli geliştirmek, Osmanlı eğitim sisteminin en önemli özelliğiydi.

Bu anlayışa göre her çocuk özeldir ve her çocuğun kendine has yetenekleri vardır. Önemli olan, eğiticinin bu yetenekleri bulup geliştirmeye çalışmayı becerebilmesidir.

Bir hocanın, talebesinin yeteneklerine hitap edemeyeceğini fark ettiğinde, "Falanca semtteki filanca hocayı bulmalı ve ondan ders almalısın." diyerek öğrencisini sahip olduğu yetenek türüne göre başka hocalara yönlendirmesi çok bildik bir uygulamadır. Günümüzde Howard Gardner ile temsil edilen "çoklu zekâ kuramı", Osmanlı'da asırlarca uygulanmıştır. Dünyanın birçok ülkesinde eğitimde uygulanan "çoklu zekâ kuramı"na göre her çocuk, başka çocuklardan farklı zekâ türüne ve yeteneğe sahiptir.

Çocuğu aynı eğitime tabi tutmak ve her çocuktan aynı sonuçları beklemek, bir "çocuk katliamı"dır.

Buna göre, bazı çocuklar matematik zekâsına, bazı çocuklar sosyal zekâya sahiptir. Ya da bazıları resim, müzik veya sanat zekâsına...

Sahip oldukları yetenekleri hesaba katmadan her çocuğu aynı eğitime tabi tutmak ve her çocuktan aynı sonuçları beklemek, bir "çocuk katliamı"dır. Böylesi bir uygulama, hem ülkenin geleceğini berbat eder hem de insanlardaki mutluluk duygusunu ortadan kaldırır.

Bir çocuk düşünün, duygu dünyası sıcacık. Gitarın tellerine dokunduğunda ne kadar da mutlu oluyor. Dudaklarındaki ince tebessüm, gözlerindeki ışıltı, vücut dilinin her hali sizi bile kendinizden geçiriyor.

Bir başka çocuk, renkleri ve desenleri öyle güzel görüp hissediyor ki eline aldığı bir kâğıda çizdiği resimlerle kendisini izleyenleri hayretler içinde bırakabiliyor.

Bir diğer çocuk, öylesine candan ve öylesine sosyal ki girdiği arkadaşlık grupları içinde hep göz dolduruyor, aranan kişi oluveriyor...

Ve böyle onlarca farklı yeteneği kendi ruhunda barındıran çocuklar, maalesef ülkemizdeki klasik eğitim sistemi içinde heba olup gidiyor.

Geleceğin sanatçıları, ressamları, müzisyenleri, fizikçileri, edebiyatçıları kör olası bir inat uğruna yok olup duruyor. Ne anne babalar mutlu ne de çocuklar...

Müzik ruhuna sahip çocuğa matematikte "logaritma cetveli" ezberletmek ne kadar trajik bir durum değil mi?

Ya da yazdığı hikâyelerle Nobel Edebiyat Ödülü'nü alabilecek bir çocuğa "trigonometri" hesabı yaptırmak ve onu canından bezdirmek...

Veya kendi yeteneği dışındaki alanlarda kendisine zoraki sunulan bu eğitimi başarmakta zorlanan çocuklara "dikkat dağınıklığı" veya "konsantrasyon bozukluğu" teşhisi koymak...

Çocuklarımıza yazık oluyor.

Kendi yeteneğinin dışında sunulan eğitimi başarabilmek için çırpınan, her çırpınışta daha da dibe batan ve battıkça da eğitimden ve insanlardan soğuyan çocuklar, ülkemizin temel problemi ama heyhat kimsecikler bu trajik tabloya bakmıyor. Ve bu çocuklar bir süre sonra toplumun sorunlu kesimini oluşturuyor.

Kendisine hitap etmeyen eğitim sisteminde başarısız kabul edilip bir "baş belası" ilan edilen bu çocuklar, çete kurup o çetenin liderliğini mükemmel bir şekilde yapabiliyorlar. Uyuşturucu satışında üstün başarı sağlayabiliyorlar, internet dolandırıcılığında inanılmaz yetenekler sergileyebiliyorlar, kız çocuklarını tuzağa düşürüp onlardan istedikleri gibi istifade edebiliyorlar!

Ve bu çocuklar bizim çocuklarımız...

Matematik sınavından kötü not aldı diye anne babasından azar işiten ince ruhlu çocuklarımız...

Fen ödevini yapmadı diye öğretmeninden ceza alan sanatçı ruhlu çocuklarımız...

Bir yandan öğretmenler, diğer yandan anne babalar, ille de eğiteceğiz diye çocuklara haksızlık ediyorlar. Kızmayın çocuklarınıza! İnanın arıza çocuklarınızda değil, her çocuğu aynı şekilde eğiteceğini zanneden eğitim sistemimizde!

Kızmayın çocuklarınıza! İnanın arıza çocuklarınızda değil, her çocuğu aynı şekilde eğiteceğini zanneden eğitim sistemimizde!

Öğrenmenin Üç Sihirli Anahtarı

İnsanın yaşayabilmesi, öğrenmesine bağlıdır. Bireyin öğrenmesinin önüne geçer, bilgi akışını durdurursanız, o kişi önce çıldırır, sonra ölür.

Bilgiye bu kadar zorunlu yaratılmış insan için her yeni duyumsadığı bilgi keyif vericidir. Buna "öğrenmekten kaynaklanan haz" diyebiliriz.

Çocuklar da öğrenmekten haz alırlar. Ancak çocuğun bir bilgiyi edinmesinde üç temel şart vardır. Bu şartlar yerine gelmediği takdirde öğrenmeler geçici olur ve bir süre sonra unutulur. Bu şartlar; "güven, hoşgörü, tevazu"dur.

Çocuk ile yetişkin arasında güven bağı oluşmamış ise orada eğitimden söz etmek mümkün değildir. Zira "güven" yoksa "kaygı" vardır. Kaygı varsa eğitim yoktur. Çocuğu kaygı altında tutarak, inciterek, cezalandırarak, ona kızarak bazı bilgiler zorla "ezber" ettirilse de böylesi bir eğitim ortamında bilginin içselleşmiş hali olan

Çocuk ile yetişkin arasında güven bağı oluşmamış ise orada eğitimden söz etmek mümkün değildir.

"edinme" oluşamaz. Çocuk bugün öğrendiğini yarın, ilkokulda öğrendiğini ortaokulda unutur.

Bu açıdan bakıldığında bir eğiticinin en önemli yeteneği iyi ders anlatması değil, öğrencisi ile "güven" bağını kurabilmesidir. Güven bağının kurulabilmesinin temel şartı ise "hoşgörü"dür.

Çocuk yanlış, hatalı ve eksik yaptığında öğretmeninin "Olsun, ben de yanlış yapıyordum önceden" diyen sesini işitiyorsa duyduğu bu "hoş gören" sesin çocukta oluşturduğu duygunun adı güven duygusudur.

Çocuklar yetişkinler kadar yetenekli değildir. Onlar kadar kasları gelişmiş de değildir. Bu yüzden yetişkinlerden daha çok hata içindedirler.

Amerikalı mucit Profesör Henri Jinott, kendisini diğer insanlardan farklı kılan şeyi soranlara şu hatırasını anlatıyor: "Başarımın sırrı annemin altı yaşımdayken bana takındığı bir tavırdır. Altı yaşımdayken buzdolabından süt alırken süt şişesini düşürüp kırdım. Annem olayı görünce bana kızmadı. 'Aaaa Henri, sütten ne güzel bir göl oluşturmuşsun. Bu gölde benimle biraz oynamak ister misin?' dedi. Bir süre oynadıktan sonra annem 'Biliyor musun Henri, herkes kendi yaptığı şeyleri kendisi toplamalıdır. Şimdi bu süt gölünü temizlemek için benden sünger mi istersin, havlu mu?' diye sorduğunda kendimi çok değerli hissetmiştim. Elimden geldiğince dökülen sütü temizledikten sonra annemle dışarı çıktık. Annem bana bahçede süt şişesinin düşürmeden nasıl taşınacağını gösterdi. Bu olay benim diğer insanlardan farklı olmamı sağlayan en önemli olaydır."

Bazı yetişkinler, çocuğun hatasını bulup yüzüne vurmayı bir marifet zanneder. Böylece çocuğun daha az hata yapacağına inanırlar. Hâlbuki çocuklar hatalarını ortaya çıkartan yetişkinlerle değil, hoşgörü sahibi yetişkinlerle olmaktan mutludurlar.

Bir çocukta güven duygusunun oluşumunun ikinci şartı, tevazudur. Tevazu, "bildiğini bildirmemektir", bildiğini hissettirmemek.

Çocuklar büyüklük tutkunluğu olan yetişkinlerden bilgi edinirken kaygılanırlar, ezilirler. Onlar ancak alçak gönüllü ve kendisini "bilgisi ile ezmeyen" yetişkinlerle olmayı tercih ederler.

Çocuklar büyüklük tutkunluğu olan yetişkinlerden bilgi edinirken kaygılanırlar, ezilirler.

Çocuk eğitimi, yetişkin eğitimi gibi değildir. Onlara, güven, hoşgörü ve tevazu içinde yaklaşmayan yetişkin eğitici değil, zarar verici olur.

Yetişkin nevrozlarının tamamına yakınının temelinde çocukluk döneminde eğitimde yapılan hataların yer aldığı unutulmamalıdır.

Yaşatılmayan Çocukluk Yılları

"Çocuklara ne öğretmeli?" sorusu tarih öncesinden beri en sık sorulan sorulardan biridir. Her dönemde bu soruyu doğru cevaplamak adına yetişkinler çocuklara enteresan enteresan şeyler öğretmeye kalkmış.

Antik çağlarda yaşamış Homeros'u bilirsiniz. Hani şu meşhur *İlyada* destanını yazan adam. Destan ki ne destan! Tam on altı bin dize…

Şimdi sıkı durun! O dönemde yaşayan eğitimciler, faydası olur (!) diye yaklaşık on ciltlik bir ansiklopedi büyüklüğündeki böylesi destanları çocuklara ezberletmişler.

Keza İngilizler, zekâları açılsın diye, Hindistan'ı işgal ettikleri yıllarda Hintli çocuklara "logaritma cetveli" ezberletmeye kalkmışlar.

Modern eğitim sistemlerini incelediğimizde bu "çağ dışı" yöntemlerin uygulandığı çocuklara ağlamamak mümkün değil.

İşte bu hüzünle geçenlerde elinizdeki bu kitapta da yer alan yazımı kaleme almış ve ülkemiz okullarında

Oyun oynama hakkı kısıtlanan çocuk sağlıklı bir ruha sahip olabilir mi hiç?

okutulan kitapların gereksiz birçok ıvır zıvır bilgi ile çocukları sersemleştirdiğini, agresifleştirdiğini, eğitimden soğuttuğunu yazmıştım. Hatta somut bir de örnek vermiş, "İlköğretim okullarında bütan gazı ile etil alkol arasındaki benzerliklerin sorulması hangi akla hizmettir?" demiştim.

Bütan gazını ilköğretim okulunda öğretmeye çalışmak ile logaritma cetvelini ezberletmeye çalışmak arasında "mantık" olarak ne fark var? İkisi de "bir gün faydası olur" diye gereksiz bilgi yığını oluşturuyor çocuğun o masum beyninde.

Hâlbuki benim kırk küsur yıllık hayatımda ne bütan gazı ile işim oldu ne de etil alkol ile... Yazık değil mi bana şimdi?

Öğrenilen konular ne kadar güncel yaşamı ilgilendiriyorsa, çocuk o kadar kolay öğreniyor. Çocuk, öğrenmenin keyfine vardıkça hayattan tat alıyor, yüzünde gülücükler açıyor. Ama dönüp bir bakın etrafınıza; kaç çocuk var öğrenmenin keyfi ile okula gidip gelen?

Ülkemizde çocuklar sanki okul için yaratılmış. Sabahtan akşama kadar okul, akşam eve gelince de ödev... Hatta öylesi anne babalar var ki tatil yaklaşınca "Hocam, tatilde çocuğumuza nasıl ders çalıştırabiliriz?" diye soruyorlar.

Yahu bu çocuk ne zaman kendisi gibi olacak! Ne zaman çocuk olacak! Ne zaman oyun oynayacak! Oyun oynama hakkı kısıtlanan çocuk sağlıklı bir ruha sahip olabilir mi hiç?

Bakın Japonya'ya...

"Nükleer tehlike var" diye sokağa çıkamayan çocukların oyun oynama ihtiyaçlarını gidermek için hükümet seferber oldu, risk altındaki bölgeye dev bir çadır kurup içini tam bir oyun bahçesine çevirdi.

Niye?

Çocuklar arkadaşları ile oynadıkça sağlıklı bir ruha sahip olurlar da ondan. Tatilde bile ders çalışarak değil...

Ama ülkemizde öğretmenler, sayfa sayfa ödev vererek, tatilde hangi kitapların okunacağını listeleyerek iyi bir şey yaptıklarını zannediyor.

Böylece bir yandan ebeveynler bunalıma giriyor çocuklar ödevi son güne bıraktıkça, diğer yandan çocuklar bunalıma giriyor ödevini yapmadığı için dışarı çıkmama cezası aldıkça...

Yazık değil mi pencere saksısı gibi camın arkasından dışarıyı özlemle seyrederek büyüyen çocuklara?

Bırakın çocuğunuzun yakasını, bırakın çocuklarımızın yakasını!

Zira öğrenme ne kadar "doğal" ve "kendiliğinden" olursa o kadar kalıcı ve keyifli olur.

Çocukluk yılları çok çabuk geçer.

Annelik babalık coşkusunu yaşayacağınız yıllarda 'ders, ders, ders' diye çocuğunuzu bıktırmayın. Ödevlerine değil, ellerine bakın çocuğunuzun. Minicik elleri ile nasıl da ödev yapmak için çırpınıyor bir bakın. Uyurken yüzüne bakın. Öğretmeninden azar işitmemek için yaşadığı telaşa bir bakın. Hissedin çocuğunuzu ve kendisi olabilmesine izin verin.

Ne ezberlediği *İlyada* destanı size anne babalık duygusunu yaşatır ne de öğrendiği logaritma cetvelinin içindedir ebeveyn duygusu...

Çocuğunuzla yağmurda koşmak, güneşli bir günde çeşme başında soluk soluğa su içmektedir ebeveyn duygusu. Yaşamanızı tavsiye ederim.

Öğrenme ne kadar "doğal" ve "kendiliğinden" olursa o kadar kalıcı ve keyifli olur.

Cezasız Çocuk Eğitimi Olur mu?

Eğitim, mekanik bir işleyiş değildir. Duyusal yanı vardır. Hatta kalıcı öğrenme "zihinsel" olarak değil, "duyusal" olarak gerçekleşir. Bunun içindir ki Batı'daki eğitim ekollerinden en başarılı olanları "ruhsal gelişmeciler"dir.

Mesela, Waldorf Eğitim Modeli, Dalton Eğitim Modeli, Reggio Emilie Eğitim Modeli ve Montessori Eğitim Modeli, insanın duyuları ile öğrendiğini bilimsel olarak ispatlamış ve bu sahada dünyanın en gözde eğitim modelini ortaya koymuştur.

Çocukları "ceza" ile sindirmeden ve "mükâfat" ile kandırmadan, yetenek ve kabiliyetleri ne ise onları o sahada keşfedip kendilerini başarılı oldukları alanda geliştirmek için "rehberlik yapılan" eğitim modellerini ülkemiz Millî Eğitim'i artık keşfetmelidir.

İşte görüyorsunuz, daha otuzlu yaşlara ayak basmadan "Google" isimli projeyi ortaya koyarak dünyanın en büyük servet sahipleri arasına giren iki genç Sergey

Dünyanın en başarılı insanlarının ardında "cezasız" bir eğitimin yattığını görürsünüz.

Brin ve Larry Page, böylesi bir eğitim sisteminin içinden geçmiştir.

Çok mu zekiydi Larry? Ya da Sergey çok mu hırslı idi? Kendilerini takip ederseniz göreceksiniz, öylesine "sıradan" ve en doğal hâlleri ile var olmayı becerebilmiş iki genç işte. Başkalarının beklentilerine cevap vermek için "kırk türlü numara" yapmıyorlar. Elde ettikleri bir güç var: Kendileri gibi olabilme gücü...

Kendilerine 'Başarınızın sırrı nedir?' diye soran bir gazeteciye, büyük bir sükûnet içinde tebessüm ederek, çocukluk dönemlerinde aldıkları bu eğitime vurgu yapıyorlar.

Yani ceza ile sindirilmemiş olmanın, mükâfat ile yönlendirilmemiş olmanın gücüne. Kendilerinin oldukları gibi kabul edilmiş olmalarının gücüne. İnsan olmanın keyfini çıkartarak aldıkları eğitimin gücüne...

Bu bir tesadüf mü?

Bence hayır. Sadece "Google"ın kurucularının değil, araştırın bakın, dünyanın en başarılı insanlarının ardında "cezasız" bir eğitimin yattığını görürsünüz.

Mesela, dünyanın en büyük internet satış şirketi olan Amazon'un sahibi Jeff Bezons da yine böyle bir eğitim modelinden geçmiş biri... Dünya siyasetine yön veren Washington Post'un sahibi Katharine Graham, Prens William ve Prens Harry de öyle. Sadece bu kadar mı? Hayır. Bill ve Hillary Clinton'un çocukları da şu an cezasız ve mükâfatsız bir eğitimin içinde yer almanın keyfini çıkartıyorlar. Bu eğitim sisteminin oluşmasına gönülden destek veren Thomas Edison, Jean Piaget, Alexander Graham Bell'den de bahsetmek gerek ayrıca.

Hâlbuki klasik eğitimde öyle bir müfredat var ki içler acısı. Öğretmenler insan yetiştirme adına, karşısındaki çocuklar kim olursa olsun, hepsini aynı kalıbın içine sokmak için sinir bozucu bir harbe giriyor.

İnsan "ceza ile eğitilemez"... Toplumsal kabul görmüş şiddetin adıdır "ceza".

Mesela, "İlla da matematiği öğreneceksin..."

"Yahu çocukta matematik öğrenecek yetenek yok, niye zorluyorsun?"

"Zorlarım, çünkü matematiği öğrenmek zekâyı açıyormuş!"

"E, bu çocuk dünya çapında büyük projeleri ortaya koyabilecek sosyal zekâya sahip. Belki de dünya barışını tesis edecek insan!"

"Umurumda değil bu özellikleri! Matematik ve fiziği yapamazsa, onun eğitim hayatına son veririm. Üniversite sınavında ortada bırakırım."

Geçenlerde, Başbakan Recep Tayyip Erdoğan'ın karne notlarına baktım, hep düşük.

Acaba ülkemizdeki çocuklar bir de daha okul yıllarındayken keşfedilse ne olur diye düşünüyorum da... İçim heyecanla doluyor. Ki bizim tarihimiz, dünyaya örnek insanlar yetiştirmiş "insan fabrikası" gibi bir özelliğe sahip. Ama günümüzde maalesef bu fabrika kapanmış!

Çocukların ceza ile sindirildiği, mükâfat ile yönlendirildiği, belli bir kalıba göre yetiştirildiği ülkemiz, çocukların kendileri gibi olmalarının önüne geçen bir eğitim modelinde ısrar ediyor hâlâ.

Hâlbuki insan "ceza ile eğitilemez"...

Çünkü ceza "şiddettir".

Toplumsal kabul görmüş şiddetin adıdır "ceza".

İnsanın ceza ile eğitileceğini zanneden toplumlara bir bakın, hepsi "şiddet" girdabında kıvranıp duruyorlar. Canlı bombalardan tutun da terör olaylarına kadar acı içinde toplumsal cinnet geçiriyorlar.

Daha önce de belirttiğim Ankara Üniversitesi ile TÜBİTAK'ın ortaklaşa yaptığı "Akran Şiddeti" isimli çalışmaya tekrar göz atacak olursak: On bin lise öğrencisi ile yapılan bu çalışmaya göre liselerde okuyan her on öğrenciden dokuzu şiddet mağduru.

Bu rakam ürkütücü ama şaşırmadım.

Ne zaman ki eğitim anlayışımız "ceza" ve "mükâfat"tan arındırılır ve kişinin özündeki yetenekleri bulmak ve onları geliştirmek için oluşturulan metodolojik yaklaşımlara geçilir, belki o zaman eğitimde çağı yakalayabiliriz.

Yoksa internette tıklanma rekoru kıran "Oğlum bak git!" videosunu izleye izleye "Bu çocukları bu hâle kim getirdi?" diye "Allah Allaaah!" çeker dururuz..

Korku Eğitimin Bir Unsuru Olamaz

Bir gün bir dostum, altı yaşındaki kızını yanıma getirdi. "Hocam, çocuk son bir haftadır geceleri sanki "cin çarpmış gibi" uyanıyor, korku içinde bağırarak ağlıyor" dedi.

Biraz sordum soruşturdum. Problemin nereden kaynaklanmış olabileceğini algılamaya çalıştım ama belirgin hiçbir şey yoktu ortada.

Gayet düzenli, tertipli bir aile ortamı vardı çocuğun. Beyefendi bir baba ve hanımefendi bir anne ile yaşıyordu.

Oturduk, bu küçük hanım ile sohbet etmeye başladık. Görüşme ilerledikçe şaşkınlığım arttı. Çünkü çocuk babasından korkuyordu... Rüyasında babasını gördüğü gecelerde korku ve dehşet içinde uyanıyordu.

Hâlbuki yıllardır tanıdığım bu arkadaşım çok şefkatli bir beyefendiydi. Karıncaları bile incitmekten kendini alıkoyan, baba olarak da imrenilecek güzelliklere sahip bir insandı.

Şaşırdım... Hem de çok...

Babasının bir kâbus gibi geceleri neden rüyasına girdiğini anlamak için çocuğun ruhunun derinliklerine doğru bir göz attığımda, şaşkınlığım daha da arttı...

"Pes yani" dedim...

Alın size ülkemizdeki eğitim anlayışından bir manzara, ister gülün ister ağlayın...

Bu çocuğun gittiği bir anaokulu var... Bu okulda trafik kurallarının öğretildiği bir derste öğretmen, çocuklara hitaben "Ülkemizde trafik canavarları yüzünden birçok insan ölüyor, birçok çocuk da babasız kalıyor." deyince, çocuklardan biri "Trafik canavarı nasıl oluyor öğretmenim?" diye sormuş.

Öğretmen de cevap vermiş: "Trafik canavarları çok iyi bir insan gibi görünüyorlar ancak arabaya bindikleri sırada birdenbire trafik canavarı oluyorlar ve hızlı gitmeye başlıyorlar. Sanki birilerini öldürmek için uğraşıyorlar."

Üstüne üstlük bir de hızlı gitmenin ne demek olduğunu göstermek için arabanın kilometre sayacını öğretmiş çocuklara: "Eğer bir arabanın hız çizgisi şurayı geçiyorsa o kişi trafik canavarı oluyor."

Sonra trafik canavarının sembolünü göstermiş... Hani şu yuvarlak bir levha içinde dişleri dışarı çıkmış, saçları dik dik duran ve üzerine de bir çizgi atılmış iğrenç resmi...

Tabii bu değerli öğretmen hanım iyi niyetli... Amacı, hız yapan anne babalara çocuklar vasıtası ile bir mesaj iletmek ve ülkemizdeki trafik sorununun çözümüne bir katkı sunmak. Ama kullandığı yöntem, korku ve şiddet...

Aslında sorun öğretmende değil...

Trafik kazalarını "bir terör" olarak nitelendiren ortak akıl tutulmasına yakalanmışız. Trafiği terör gibi görürsek, mücadelemiz de şiddet üzerine kurgulanır.

Trafik kazalarını "bir terör" olarak nitelendiren ortak akıl tutulmasına yakalanmışız.

Bakın, trafikteki düzensizliği engellemek için kullanılan sembole... Korkunç bir adam, dişler vampir gibi, gözler yerinden fırlamış sanki...

Amaç nedir bu resimde? Toplumda trafikte kurallarına uymayanlara dönük bir nefret oluşturmak ve böylece insanların trafik kurallarına uymalarını sağlamak...

Bu aklı ortaya atanlar hayatlarında hiç mi pedagoji kitabı okumamış acaba? Davranış değişikliği oluşturmak için şiddet ve nefret unsurlarını kullanmanın yeni problem alanları oluşturabileceğini hiç mi düşünmez bu konuda söz sahibi olan kurumlar?

Hiçbir pedagojik değeri olmayan bu sembolün okullarda, yollarda, televizyonlarda kullanılması ne kadar üzülecek bir durumdur.

Bütün bunlar ülkemizin acınacak pedagojik tümörleri... Toplumsal dokumuza derinden derine tesir ediyor ama farkında değiliz.

Neyse...

Çocuk ne oldu diye düşünüyorsunuz değil mi?

Böylesi durumların çözümü bir-iki günde olmuyor maalesef. Birkaç haftayı bulabiliyor, bazen de birkaç ayı...

Biz şimdilik küçük hanımla babasının bir "canavar" olmadığını hissettik...

Ancak babası canavar olmasa da etrafta birçok canavarın var olduğuna hâlâ inanıyor. İnanıyor; çünkü her yerde "Trafik canavarına dikkat!" diye levhalar asılı. Sayın yetkililer ve özellikle Karayolları Genel Müdürlüğü, yollardaki trafik canavarlarını ne zaman kaldıracaksınız acaba?

Mahcubiyet Hissi Yitirilirse...

Bir arkadaşımla aramızda şöyle bir telefon görüşmesi geçti: "Hocam, biliyorsunuz bizim kız üç yaşında. Kızımızın araç koltuğuna oturması yasal bir mecburiyet ancak koltuğa oturtacağımız sırada ciyak ciyak bağırıyor, tepiniyor... Baş edemiyoruz; bize bir yol gösterin."

Sordum: "Araca bindiğinizde siz emniyet kemeri takıyor musunuz?"

Arkadaş biraz mahcup vaziyette cevap verdi: "Öyle bir alışkanlık edinemedim hocam."

Tebessüm ederek çocuk dünyasını anlatmaya başladım: "Bu yaşlardaki bir çocuğun davranış kazanması anlatarak, ikna ederek değil, görerek olur... Çocuk neyi görüyorsa öyle biri olur. Yetişkinlerin yapmadığı bir davranış çocuktan istenirse çocuk korkar, kaygılanır ve güvensizlik hissetmeye başlar... O yüzden sizin emniyet kemerini takmadan çocuğunuzdan takmasını istemeniz pedagojik olarak oldukça yanlış bir ebeveyn tutumudur."

Biz yetişkinler nedense yapmadığımız şeyleri çocuklardan istemekten çekinmiyoruz; çocuğun karşısında mahcubiyet hissetmiyoruz.

__Galiba biz, çocuğa karşı "mahcup olma" hissini kaybettik...__

Çok yakın bir arkadaşımla çay içip sohbet ediyorduk. Bir ara arkadaşım günümüz çocuklarının ders yapma konusundaki eksikliklerinden bahsetmeye başladı ve kendi çocuğundan örnek verdi: "Hocam, bizim oğlanı oturtup bir saat ders yaptıramıyoruz. Bıraksak akşama kadar televizyon izleyecek, sabaha kadar internette oyun oynayacak. Bir kenara oturup şöyle sakin sakin bir kitap okumuyor."

Merak edip sordum: "Evinizin içinde belirli bir kitap okuma saati var mı? Koltuğun bir kenarına siz, diğer kenarına da eşiniz oturup belli saatlerde kitap okuyor musunuz?"

Arkadaş ne demek istediğimi anladı ve sustu. Sonra kafasını kaldırıp "İyi de hocam, biz akşama kadar çalışıp çabalıyoruz, kafamız beynimiz bir kelime dahi götürmüyor artık eve vardığımızda" dedi.

Azıcık dikkat etse, kendi çocuğunun da sabah erkenden evden çıktığını düşünür, akşama kadar okulda zihnen yorulmuş olabileceğini çok rahatlıkla kavrayabilirdi...

Çocuk eğitimi böyle bir şey değil.

Galiba biz çocuğa karşı "mahcup olma" hissini kaybettik...

Sadece yapmadığımız bir şeyi çocuktan istemek değil, örneğin çocuğa psikolojik şiddet uygulamak da utanç verici bir şey ama birçok yetişkin, hâlâ, sokak

Utanma ne zaman biter? Kişi duygu dünyasını hissetme yeteneğini kaybettiğinde…

ortasında çocuğunun kulağından tutup onu eve doğru götürmeyi bir marifet zannediyor.

Ne garip değil mi?

Birçok anne babaya bakıyorum, hiç mahcup olmadan çocuklarına bağırabiliyor, hakaret edebiliyor. Hâlbuki bu çok kötü bir çocuk yetiştirme yöntemi. İnsan çocuğuna şiddet uygularken utanmalı…

Utanma ne zaman biter? Kişi duygu dünyasını hissetme yeteneğini kaybettiğinde…

Eğer bir yetişkinin duyarlılığı yok olursa oturup hep beraber ağlamak gerekir.

Zira duyarlılığı kaybolmuş yetişkinin yanında yetişen çocuk da duyarlılığını kaybeder. Duyarlılığını kaybeden kişi, mahcubiyet hissini de kaybeder…

Ve böylesi biri, acınacak kişi olur...

Birinci Sınıfta Eğik Yazı Öğretmek Doğru mu?

Eğitimde başarı yazı yazabilme yeteneğiyle doğru orantılıdır. Gel gör ki günümüz öğrencilerinin yazdıklarını ne kendileri ne de öğretmenleri anlayabiliyor.

Ebeveynler, çocuklarıyla yaka paça durumda bu yazı meselesi yüzünden.

Zaman zaman bir araya geldiğimiz ilkokul öğrencilerine "Adını yazar mısın?" diyerek bir kâğıt kalem veriyorum. Çocuk didine didine bir şeyler yazmaya çalışıyor ama yazdığı şeyler karşısında ben mahcup oluyorum. Mesela, bir kız çocuğumuz Serap yazacak; seraP yazıyor. "P" harfi yukarıda, "S" harfi küçük. Bir başka çocuğumuz "Mustafa" yazacak, "muStafa" yazıyor. Harflerin bir düzen içinde yazılmaması bir yana, çocuk daha harfin "şeklini" öğrenmeden eğik el yazısı ile tanıştığı için çırpınıp duruyor. İç içe geçmiş harfler, kâğıdın aşağısından başlayıp tren yolu gibi yukarı doğru çıkmış kelimeler, ne okuyanın ne de yazanın ruhuna rahatlık veriyor.

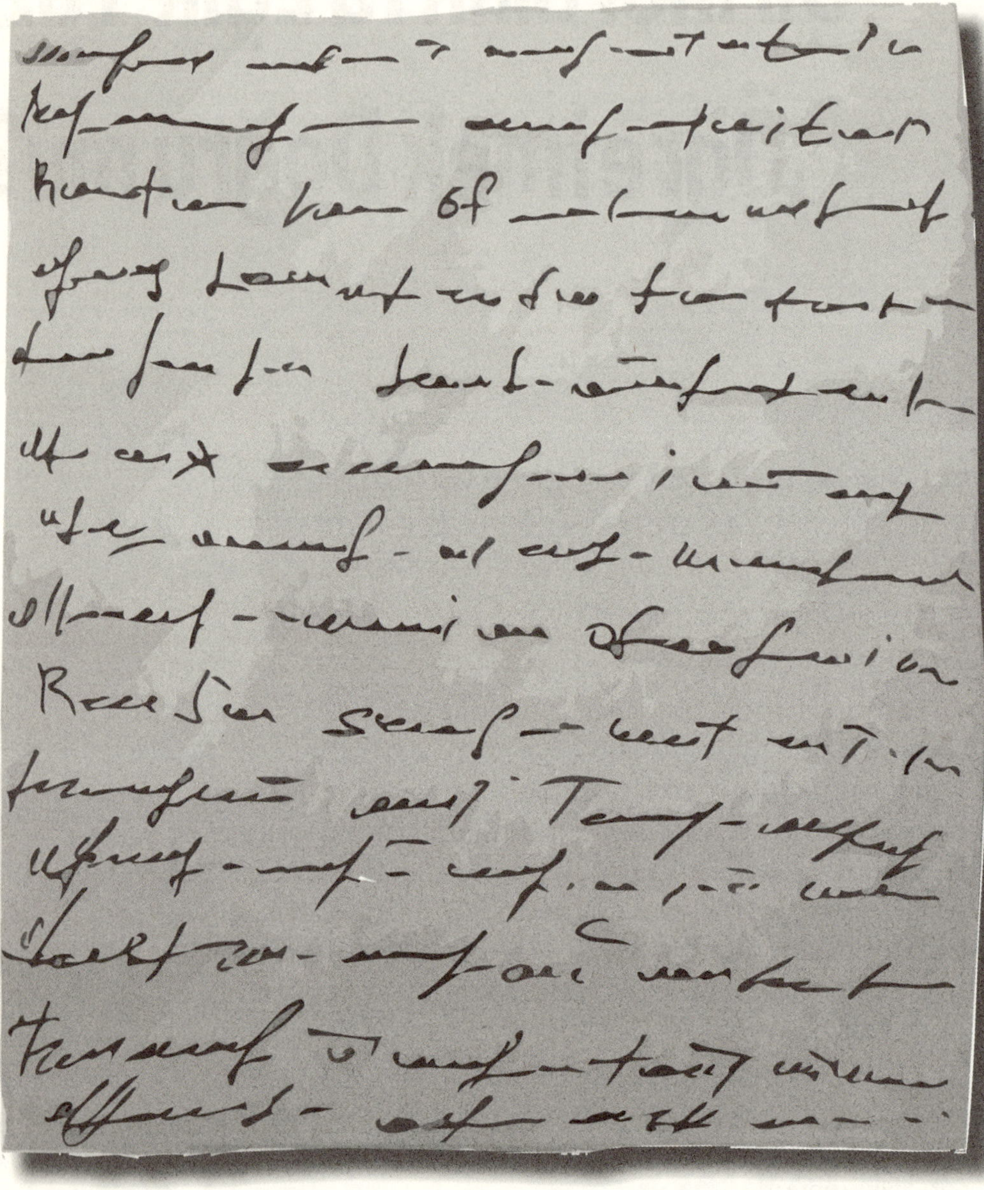

Bir eğik yazıdır tutturulmuş gidiyor. Hâlbuki kitaplar düz yazı... Gazeteler düz yazı... Tabelalar, resmî evraklar düz yazı... Sanki çocuklar, eğik el yazısı öğretilerek güncel yaşamdan koparılmaya çalışılıyor.

Böylesi kargacık burgacık yazılar içinde çocukların başarılı olması mümkün mü? Tabii ki çok zor... Zira çocuk yazdığı yazıyı bir bütün olarak göremiyor, sadece karmaşık eğri büğrü çizgi demeti olarak görüyor. Net anlaşılır bir tablo gibi durmuyor yazı çocuğun önünde.

Hâlbuki çocukların şu an kullandığı 70 derece(!) sağa yatık el yazısı 2004'te ilkokullarda mecbur hâle getirildiğinde nice umutlar vardı... Bu yazı şeklinin İrlanda, Finlandiya, Norveç, İsveç, Danimarka, Fransa, İngiltere, Kanada, Almanya, Belçika gibi birçok ülkede kullanıldığı ve "çocukların oralarda ne de güzel yazılar yazdıkları" hayranlıkla anlatılmıştı raporlar eşliğinde...

Ve hatta biraz nostalji olsun diye, "Atatürk'ün harf devrimi yaptığında kara tahtanın önünde yazdığı ilk harfler de eğik el yazısı harfleriydi." denildi...

Eğik el yazısının mecbur tutulduğundan bu yana yıllar geçti, sonuç hiç de öyle hayal edildiği gibi umut verici değil.

Eğik el yazısının mecbur tutulduğundan bu yana yıllar geçti, sonuç hiç de öyle hayal edildiği gibi umut verici değil.

Eğik el yazısıyla ilgili bilimsel araştırmalar, çocukların el yazısı konusunda rahat olmadığını, hızlı yazmayı öğrenebildikleri hâlde, güzel ve okunaklı yazmayı beceremediklerini ortaya koyuyor.

Karadeniz Teknik Üniversitesi Eğitim Fakültesi İlköğretim Bölümü Sınıf Öğretmenliği Anabilim Dalı'nda görevli Yrd. Doç. Dr. Tolga Erdoğan'ın Ankara'da üç farklı ilköğretim okulunun birinci sınıflarındaki 117 öğrenciyle yürüttüğü çalışmadan elde ettiği bulgular, öğrencilerin

İlkokula giden çocuklarınız eğer yazı yazmakta zorlanıyorsa sahip çıkın, kızmayın onlara.

bitişik eğik yazılarının "okunaklılık" açısından "gelişim göstermediğini" ortaya koyuyor. Öğretmenler de durumun farkındalar.

Ahi Evran Üniversitesi Öğretim Görevlisi Yrd. Doç. Dr. Ayfer Şahin de Kırşehir merkezde görev yapan 266 sınıf öğretmeni ile bitişik el yazısı sorunları hakkında görüşmeler yapmış. Öğretmenler, öğrencilerinin bitişik eğik yazı yazarken bazı küçük (f, r, s, k, z) ve büyük harflerin (A, F, H, G, T, D) yazımında çok hata yaptığını söylüyor...

Ayrıca bu öğretmenler, öğrencilerin bitişik eğik harflerle yazarken en çok, "b ile d", "r ile n", "m ile n" ve "u ile v" harflerini karıştırdığını" ifade etmekteler. Ve yine bu 266 öğretmen, öğrencilerin f, s, r, k ve z harflerini yazarken zorlandığını söylemekte... En çok zorlandıkları büyük harflerin ise H, F, S, K ve D olduğunu dile getirmekte... Bunca problemli harfi gördükten sonra insanın "Zaten geriye ne kaldı!" diyesi geliyor...

Aslında eğik el yazısı tanıtılmadan önce çocukların harflerin "gerçek şekillerini" tanıması gerekirdi. Sonra o harfleri süsleyerek, eğerek, el yazısına dönüştürerek keyifle yazmalıydı... Ve belki de daha önemlisi, çocuklara kendi hızlarında yazabilmesi için yeterince zaman verilmeliydi ki çocuklar hangi harfin nasıl yazıldığını içselleştirebilsinler... Ama yoğun müfredatlı ve koşuşturmalı eğitimimiz, çocukların yazı yazmaktan sıkılmasına sebep oldu.

Ebeveynlere sözüm o ki ilkokula giden çocuklarınız eğer yazı yazmakta zorlanıyorsa sahip çıkın, kızmayın onlara. Defterlerine yazdıkları yazıları okumakta zorlanıyorsanız, aşağılamayın onları... Zira bu sadece sizin sorununuz değil, birçok öğrencinin ve daha da ötesi yanlış işleyen koskoca sistemin sorunu...

Ders Derste Öğrenilir

Önceki gün bir internet kafeye gittim. Oğlumun ödevi vardı, onu yapacaktım. Araştırmacılığı teşvik etmeyen, "Google"den terim arayarak yapılan ödevleri ben yapıyorum.

İstediğim resmi bulmak için arama tuşuna bastığımda yan taraftaki hareketlilik dikkatimi çekti. Dönüp baktım. Meğer yalnız değilmişim internet kafede. Birkaç anne-baba daha çocuklarının ödevlerini yapmak için internet arkasında sıraya geçmiş. Bir yandan kızgınlıklarını ifade ediyor, diğer yandan eğitim sistemindeki bu anormal hâle öfkelerini dile getiriyorlar.

Gülesim geldi ama gülmeyi yakıştıramadım ülkemiz eğitiminin ağlanacak haline.

Öğretmenler "çocuklar ödev yaptıkça daha çok öğreniyor" zannediyorlar. Hâlbuki ödev, çocuğun daha iyi öğrenmesini sağlamaz, aksine evde devam eden okul atmosferi, öğrenmeye karşı tepkisellik oluşturur.

Daha da ötesi, çocuklara verilen ödevler aile bağlarına zarar verir.

Çocuklar zaten altı saat okulda yaşıyorlar, evde ailece geçirilecek zaman dilimi de aşağı yukarı üç-dört saat. Bunun bir saati de yemek seremonisi ile geçince geriye iki-üç saat kalıyor. Bu zaman dilimi çocuk için ailesi ile bütünleşme saati olacağı yerde, anne babanın çocuklarını tersledikleri, azarladıkları, "Sen hâlâ ödevini yapmadın mı?" şeklindeki hesap sorucu bıkkınlık saatine dönüşüyor.

Öyle değil mi ama?

Annesi babası evdeyken ve kardeşi ile cıvıldaşacakken, onlara birçok şey anlatacakken; "Sen hâlâ ödevini yapmadın mı?" diyerek çocuğun bütün hevesini kırmak ne kötü bir ebeveyn tutumu. Buna yol açmak da ne kadar anlayışsızlık böyle.

Öyle değil mi? Yetişkinler için psikologlar "İşinizi eve getirmeyin, aile içi iletişimiz bozulur." diye tavsiyelerde bulunmuyorlar mıydı?

Evet bulunuyorlar. Çünkü evde işini devam ettiren bir kişi, aile bağlarını zayıflatır. O evin içindekiler duygusal yoksunluklar içinde yaşarlar. Bütün uzmanlar, "Evinize işinizi getirmeyin" tavsiyesinde bulunduğu hâlde, neden kimse "Okulu eve getirmeyin" diyemiyor?

Çocuk okulda öğrenir, ne öğrenirse. Evde aile fertleri ile bir arada olmanın, birlikte etkinlikler yapmanın keyfini yaşamalı. Sokakta kaygısızca oyun oynamanın çocukluğunu yaşamalı. Annesinin kızgın bir sesle pencereden kendisini çağıracağı kaygısını yaşayan çocuk, ne dersini yaparken öğrenebilir ne de arkadaşları ile coşku içinde oynayabilir.

Çocuk okulda öğrenir, ne öğrenirse.

Başarılı öğretmen; öğrencisinin aile içindeki birkaç saatlik özel anlarını dahi işgal etmeye çalışan değil, öğreteceği konuları öğrencisine ders saatleri içinde öğretebilen öğretmendir.

Eğitimdeki Temel Sorunlar

Bir öğrenci düşünün; on iki yıl boyunca eğitim alıyor ve sonunda ne öğrendiğini ölçmek için sınava tabi tutuluyor. Farklı konulardan 160 soru soruluyor ve öğrenci hiçbirine doğru cevap veremiyor.

İnsan merak eder; "Peki bu çocuk on iki yıl okulda ne yaptı?" diye.

Bu durum sadece bir öğrenciyi ilgilendiriyorsa, "Belki çocuğun zihinsel problemi vardır" denilebilir veya olmaz ama "Belki on iki yıl boyunca hiç iyi bir öğretmenden ders alamamış olabilir" de denilebilir.

Ancak bir ülkede bir değil, altmış bir bin öğrenci on iki yıl boyunca aldığı eğitime ait bir tane dahi doğru soru çözemiyorsa, o hâlde "altmış bir bin öğrencide zihinsel engel var" denilecek bir bahaneden bahsedilemez. Ya da altmış bir bin öğrenciye denk gelen binlerce öğretmen için "Bu işi becerememişler" denilecek bir savunma da geçerli olamaz. Hadi matematik hocalarının hepsi beceremedi bu işi, ya binlerce sosyal bilgiler hocası

da mı bir tane soru çözebilecek bir konu öğretmeyi başaramadı?

Son yapılan üniversiteye giriş sınavında altmış bir bin öğrenci hiçbir soruya doğru cevap verememiş.

Böylesi bir tablo ülkemiz eğitimi açısından utanç verici bir durum.

Millî Eğitim Bakanlığı "Bu neyin nesidir?" diye olayı araştırmaya girişti. Ancak sorun doğru tespit edilemezse, mağdurlar suçlu durumuna düşer. Altmış bir bin öğrenci mağdur durumda şu anda. Onların aileleri de mağdur, öğretmenleri de...

"Müfredat merkezli eğitim anlayışı" yerine, "öğrenci merkezli eğitim"e geçilmelidir.

Bir anne ile konuştum. Sınavda başarısız olan çocuğunun odasına kapanıp günlerdir dışarı çıkmadığını söyledi: "Hocam, anneyim ben. İçimde bir korku var. Sınavda başarısız olan çocuklardan canına kıyanlar oluyormuş. Oğlum bizimle konuşmayı kesti kaç gündür. Ne yiyor ne de içiyor. Allah için bize bir yol gösterin!" diye ağladı.

"Ben oğlunuzla konuşayım biraz, bekleyin" diyerek delikanlıyla konuşmaya başladım. Çocuk, "Abi şuramda bir ateş var gibi bunalıyorum. İçim daralıyor. Eşyalara vurasım geliyor. Gidip okulu yakasım geliyor. Anlatamam içimdeki boşluğu" diye ağladı.

Bir öğretmen arkadaşla konuşuyoruz. "Bu ne hâl yahu! Çocuklar ülkemizde 'eğitim, eğitim' diye mahvolup gidiyor." deyince...

"Hocam, Allah aşkına siz söyleyin, üç ayda ancak anlatılabilecek bir konuyu sizden üç günde anlatmanız istenirse, öğretmen ne yapsın, çocuk ne yapsın? Öğrencilerimizle sohbet ederek, onlara bir abi şefkati ile

Çocuklar, yetişkinler gibi öğrenmezler.

rehberlik yaparak ve onları 'gerçekten eğiterek' anlayamadıkları konuları tekrar tekrar anlatabileceğimiz kadar zamanımız olsa, bu ülkedeki öğretmenler öğrencilerini coşturur. Ama baskıcı ve tepeden inme bir müfredat canımıza okuyor" dedi.

İlkokul ve ortaokulu Türkiye'de tamamlayıp liseyi Kanada'da okuyan bir gençle sohbet ediyoruz. "Türkiye'den iyi ki kurtulmuşum, yurtdışında hem daha az ders çalışıyorum hem de daha iyi öğreniyorum. Tatillerde Türkiye'ye geldiğimde arkadaşlarımın ha bire ders çalıştıklarını görünce onlar için üzülüyorum" dedi.

Ben bir baba ve bir pedagog olarak okul kitaplarını karıştırıyorum; "Metan gazı ile etil alkol arasındaki fark nedir?" şeklindeki bir absürt bilgiyi on bir yaşındaki beşinci sınıf öğrencisine öğretmeye kalkacak kadar çocuk dünyasından uzak bir bilgi yumağı, tabii ki de çocuğun boğazında takılır kalır, diyorum.

Peki, ne yapılabilir?

1- "Müfredat merkezli eğitim anlayışı" yerine, "öğrenci merkezli eğitim"e geçilmelidir. Öğrenci merkezli eğitimde öğretmen, "bir öğretici" değil, çocuğun "rehberidir", yol göstericisidir. Çocuğun içinde bulunduğu yaş ve ilgi alanı ne ise öğretmen çocuğa o konuda öğrenmelerinin yolunu açandır. Eğer müfredatı merkeze alır ve çocuklardaki farklılığı görmezden gelerek "Size illa da bunu öğreteceğim" diye dayatırsanız, ortaya eğitim değil, baskı çıkar. Ve bir yerde baskı varsa, orada eğitim biter. İbn Haldun "Baskı altında çocuğu eğitmek, onun heves ve neşesini yok eder, onu tembelliğe sevk eder" diyor... Dönün bakın ülkemiz çocuklarına; eğitimde ne neşeleri kalmış ne hevesleri...

2- Çocuklar, yetişkinler gibi öğrenmezler. Yetişkinlerin öğrenmesi bir karmaşadır. Çocuklar sade ve doğal öğrenirler, öğrendiklerini oyunla pekiştirirler. Çocuk için oyun, yetişkinlerin zannettiği gibi boş bir faaliyet değil, öğrenmelerin pekiştiği yerdir. Günümüz çocukları okul ile ev arasında çocuk olma doğallığını kaybetmiş, sentetik bir yaşam sürerken beyinleri ölüyor. İmam Gazali Hazretleri, "Çocuğa yeterince oyun, eğlence ve dinlenme imkânı sağlanmazsa kalbi ölür ve zekâsı söner" diyerek maalesef tam da ülkemiz çocuklarını ifade ediyor...

Çocuklar sade ve doğal öğrenir.

EĞİTİM

Cinsel Eğitim mi Mahremiyet Eğitimi mi?

Bir okuyucum ailece içine düştükleri zor durumu yazmış ve yardım istemişti. Mesaj aynen şöyle diyordu: "Hocam, kız kardeşimin sınıfında geçen hafta derste 'insanların üremesi' ile ilgili bir konu işlemişler ve kardeşim bir haftadır anne-babamla konuşmuyor. Odasından dışarı çıkmıyor. Ben neden böyle yaptığını sorduğumda ise 'Annemden artık tiksiniyorum' dedi. Ne yapacağımı şaşırdım, annem ve babam da çok zor durumdalar, lütfen yardım edin."

Böylesi mesajları her yıl belli bir dönemde mutlaka alıyorum. Kimi zaman çocuk okulda "biyoloji" dersinde duydukları ile şok geçirmiş vaziyette eve geliyor; annesine bir garip bakıyor, babasından uzak duruyor... Kimi zaman da derste anlatılanları tam anlayamamanın şaşkınlığı içinde eve geldiğinde anne babasını soru yağmuruna tutuyor; "Anne, bebekler annesinin karnına nasıl giriyor?" diye okulda anlatılan ve zihninde yarım kalan bilgilerin devamını anne babasından öğrenmeye çalışıyor.

Anne babaların zora düştükleri bu durum maalesef ilköğretim müfredatından kaynaklanıyor. Ve yine

Ergenlik çağındaki bir çocuğa şüphecilik içinde bir "cinsel eğitim" değil, güven duygusu içinde bir "mahremiyet eğitimi" verilmelidir.

maalesef iyi niyet ile ilköğretim onuncu sınıf biyoloji dersi içine yerleştirilen, "insan ve hayvanların üremesi" konulu "cinsel eğitim anlatımı" çocuk ruh sağlığına faydadan çok zarar veriyor.

Sanırım yetkililer, "komünist" sistem alışkanlığının bir sonucu olarak çocukları bir sınıfa doldurup onlara "cinsel eğitim" vermeye çalışırken iyi bir şey yaptıklarını zannediyorlar. Hâlbuki insanın en mahrem hisleri öyle sere serpe ve herkesin içinde konuşulmamalı. Zira aynı yaşta oldukları hâlde çocukların birçoğu aynı gelişim düzeyinde değildir. Kimisi var cin gibi; siz anlatmaya başladığınızda o gülüp geçiyor, "Hocam biz bunları çoktan biliyoruz!" diyor, kimisi ise öğretmenin her anlattığı konuyu kalbi duracak gibi arka sıralarda yüzü kızara kızara dinliyor.

Bütün bunlarla birlikte bir de "çocuklara yönelik cinsel eğitim" seminerleri yapılıyor ki, o da tam bir facaat. Çocukları "güya" tacizden korumak için başlarına gelebilecek "felaket senaryoları" anlatılıyor ve hatta "Ailenizde de böyle şeylerle karşılaşabilirsiniz, dikkatli olun!" deniyor.

Çok iyi hatırlıyorum bir genç kız böylesi bir "eğitim" programına katıldıktan sonra artık babasının kendisine sarılmasından, öpmesinden şüphe duymaya başladığını ve çok istediği hâlde o günden sonra babasıyla artık yakınlaşamadığını söylemişti.

Olmaz ki böyle...

Yazık yetişen nesillere...

Hâlbuki ergenlik çağındaki bir çocuğa şüphecilik içinde bir "cinsel eğitim" değil, güven duygusu içinde bir "mahremiyet eğitimi" verilmelidir. Nedir cinsel eğitim ile mahremiyet eğitimi arasındaki fark?

Cinsel eğitimde çocuklar topluca bir yere alınır ve öğretmen anlatacağı konuları patır patır anlatmaya başlar. Kimi çocuk kıpkırmızı bir yüzle, kimi çocuk sinsi bir tebessümle öğretmeni dinler. Zil çalıp öğrenciler dışarı çıktıklarında dersin tesiri ile "kakara kikiri" birbirlerine el şakası yapmaya başlarlar. Kızlar bir kenarda gülüşür, erkekler diğer yanda şımarırlar.

Mahremiyet eğitiminde "her çocuk özeldir", bilgiler topluca verilmez.

Mahremiyet eğitiminde "her çocuk özeldir", bilgiler topluca verilmez.

Hâlbuki mahremiyet eğitiminde "her çocuk özeldir", bilgiler topluca verilmez. Ve bilgiyi çocuğa aktaran kişi öyle rastgele biri değil, çocuğun güven duyduğu bir yakınıdır. Böyle bir yetişkin, vakti geldikçe çocuğa "ihtiyacı olduğu kadar" bilgiyi yavaş yavaş verir.

Bu kişi kız çocuklarında genellikle anne veya abladır. Çünkü kızlar ihtiyaç duydukları konuları anneleri ile paylaşmayı ve onlar ile bir kenarda "fısıldaşarak" bilgi edinmeyi severler. Ancak, erkek çocuklarda bu kişi baba veya abi olamaz. Erkek çocukları cinsel bilgileri babadan duymak istemezler. Kırılır içlerinde bir şeyler. Gözlerinde büyüttükleri babalarına karşı bir hayal kırıklığı yaşarlar. Bu nedenle, erkek çocuklara cinsel bilgiler ancak yaşına yakın bir üçüncü kişi tarafından ve vakti geldikçe verilmelidir. Ve bu kişi evli olmamalıdır.

Görüldüğü gibi mahremiyet eğitiminde bırakın çocukları bir sınıfın içine toplayıp "Şimdi size insan üremesini anlatacağım" diye mahrem konuları uluorta ilan etmeyi, bilgiyi aktaracak olan kişinin özellikleri bile çocuk ruh sağlığı açısından önemlidir.

Umarım ki, yetkililer, ilköğretim okullarında "biyoloji" dersi adı altında çocuklara "cinsel eğitim" verdikleri için iyi bir şey yaptıkları yanılgısından çıkarlar ve artık her yıl bu dönemde bunalıma düşmüş çocukların ve ailelerin mesajları gelmez.

Eğitim Şefkat ile Başlar

Günümüz çocuklarının şiddete en çok maruz kaldığı yerler ev ve okullar. Onların evde uğradığı şiddet genellikle şefkatten kaynaklanıyor.

Anne babaların, çocuklarının yanlış yapacakları kaygısı ile başvurdukları ilk yöntem maalesef "şiddet" oluyor.

Şiddet derken akla hemen "dayak" gelmesin. Zira pedagojik olarak bakıldığında psikolojik ve duygusal şiddet, fiziksel şiddetten çok da farklı değildir.

Bir annenin, ödevlerini yapmayan çocuğunu "Senden de, senin derslerinin peşinde koşmaktan da bıktım!" diye aşağılaması, çocuğun dayak yemesi kadar onur kırıcıdır.

Yetişkin tarafından böylesi aşağılanmaya maruz kalan çocuğun kalbinin atışını dinleseniz yaşamınızda bir daha asla bir çocuğu incitmezsiniz.

Aşağılama insan onurunun kaldırabileceği bir yük değildir. O yüzdendir ki çocuklar dayak yediği zaman ağlar ama aşağılanan çocuk ağlamaz. Sıkar kendini... İşittiği sözlerin acısını duymamak için kendini duyarsız-

Aşağılanan çocuk ağlamaz. Sıkar kendini...

laştırır. Kimi zaman "yılışıklığa" verir. Kimi zaman önemsemiyormuş gibi davranır... Ama aşağılanan bir çocuk, içinde koca bir ağırlıkla güne öylece devam eder. Ya da uzanır yatağına, öylece uyuyakalır.

Günümüz evlerinin birçoğu, çocukların sığındıkları bir liman olmanın aksine, zarara uğramamak için savaş verdikleri bir alana dönmüş durumda.

Çocuk sadece evde mi zarara uğratılıyor? Keşke o kadarla kalınsa... Ya okullar?

Bir gün, geceleri kâbusla uyanan ve son zamanlarda da altını ıslatmaya başlayan sekiz yaşındaki bir kız çocuğu ile görüşme yapıyorduk.

Sordum: "Gece nasıl bir rüya gördüğünü hatırlıyor musun?"

Cevap ne kadar masumca ve ne kadar berrak: "Benim ödevimi yapmam lazım ya... Yapamazsam öğretmenim sinirleniyor ya... Ben bazenleri rüyamda unutuyorum ödevimi yapmayı. O zaman korkuyorum öğretmenim bana kızacak diye, ağlıyorum. Ama uyanınca rüya olduğunu anlıyorum. Ama yine de ağlamak geliyor içimden, susamıyorum."

Sizi bilmem ama ben böylesi konuşmalardan sonra oldukça garip bir acı duyuyorum ruhumda.

Evet, ben bir profesyonelim ve duyduklarımı hissetmemem gerekir belki. Ama insan olmanın gereği belki de. Böylesi aşağılanan bir çocuğun konuşmasını dinlerken gözlerine ve masum yüzüne bakıyorum. Bakıyorum ve içim çok acıyor.

Bir ara Murat Tokay imzalı bir haber okumuştum. Haberde yer alan, ilkokul yedinci sınıf öğrencisi bir çocuğun yetkililere kendi el yazısı ile yazdığı mektup şöyle başlıyordu: "Ben sınıfımı değiştirmek istiyorum. Çünkü 7/C sınıfında hep şiddet görüyorum. Sabahları okula endişe içinde geliyorum. Kendi kendime, dayak yiyecek miyim, yemeyecek miyim, diye... Şiddet görmekten bıktım, her yerde şiddet görüyorum; evde, okulda, sokakta... Artık ben de rahatça okula gelmek istiyorum. Ne olur Allah aşkına bana yardım edin."

Eğitim bir gönül işidir. Duyarlılık işidir.

Eğitim böyle bir şey değil.

Tımarhaneden kurtulmak isteyen bir hastanın feryat figan yazdığı mektup gibi yetkililere mektup yazılan kurumlar değildir eğitim kurumları.

Daha minicik elleri ile kalem tutmayı yeni yeni öğrenmeye çalışan çocukların üzerine kara bir dev gibi gelip oturmak ve onu yaşamdan soğutmak değildir eğitim denilen şey.

Hele öğretmenlik ki böyle bir şey hiç değildir.

Üniversite giriş sınavında başka bir bölüm seçemeyince "Neyse, hiç olmazsa öğretmen olalım" denilerek yapılacak bir meslek hiç değildir.

Eğitim bir gönül işidir.

Duyarlılık işidir.

Meşgul olduğunuz şey taş değil ki; çocuğun bizzat kendisi. Sınıf içinde azarlasanız, duyarsızlaşır, arsızlaşır. Azıcık kaşlarınızı çatsanız altını ıslatır.

Çok defa isyan etmişimdir. Bir heykeltıraş olmak için üniversite giriş sınavı yetmiyor ülkemizde. Ayrıca bir de "Sanatçı ruhu var mı bu kişide?" diyerek mülakat yapılıyor. İyi de yapılıyor.

Ama yumuşacık insan kalbi ile meşgul olmak isteyen kişilerde neden "duyarlılık" sınavı yapılmaz, puanını her tutturan eğitim fakültesine gider, anlamış değilim.

Umarım Millî Eğitim Bakanlığı, şekle önem verdiği kadar çocuk kalbine de önem veren bir sistemi hayata geçirir.

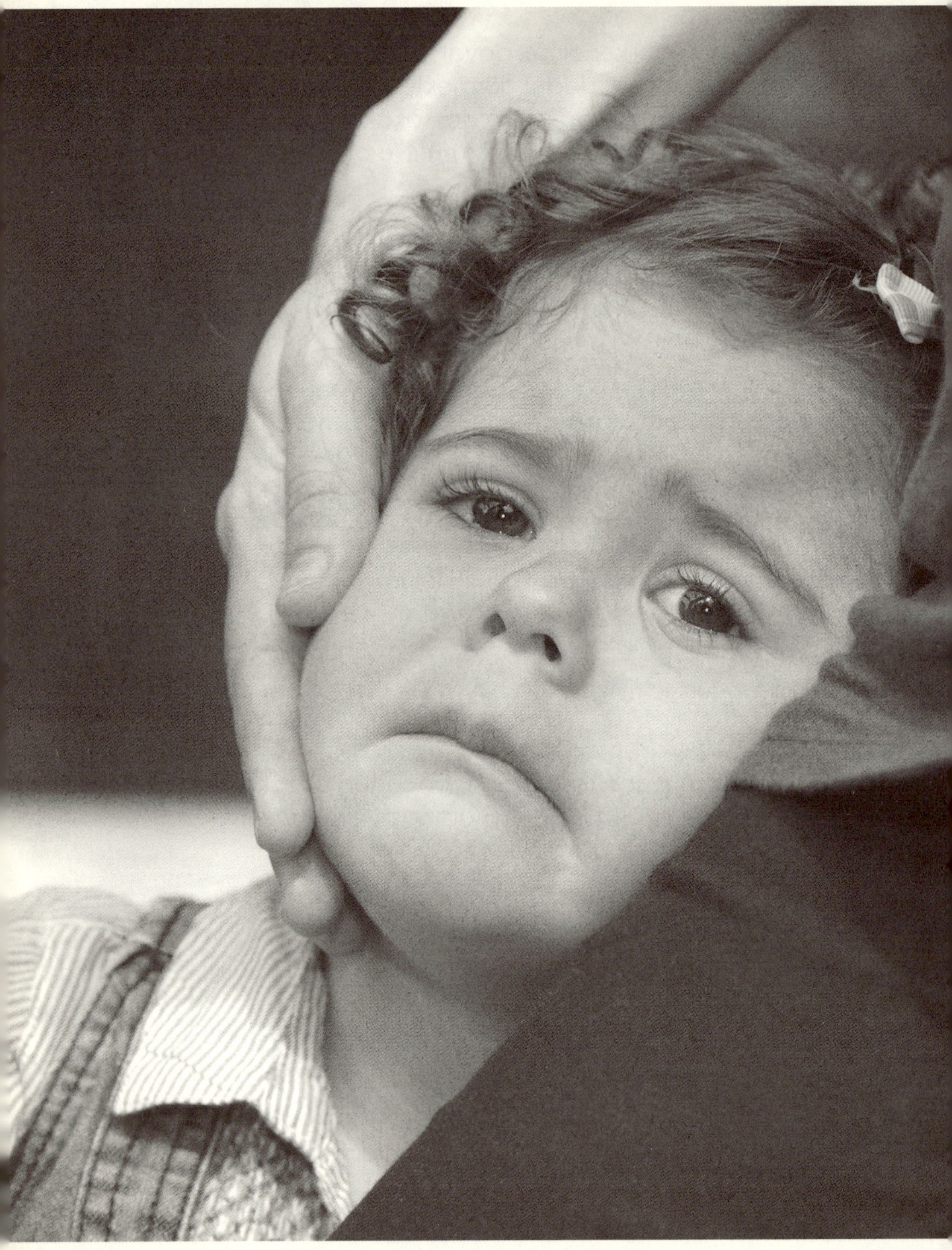

Kreşe Uzun Süre Bırakılan Çocuklar

İnsanın sevgiye en çok ihtiyaç duyduğu dönem çocukluk dönemidir. Bir kişi, çocukluk yıllarını ne kadar annesinin kucağında ve babasının omuzlarında geçirmişse ruhen o kadar dingin olur.

Bu yüzden bir çocuğun ilk yıllarını annesinin yanında geçirmesi çok önemlidir.

Sevgi sunan hiç kimse anne kucağı kadar sıcağını sunamaz çocuklara. Ve hiçbir omuz baba omuzu kadar yücelere çıkaramaz çocukları.

Özellikle erken çocukluk döneminde bir çocuğun annesinden uzun süre ayrı kalması onun duygusal gelişimini olumsuz etkiler, bazen ciddi hasarlara sebep olabilir.

Zira çocukluk döneminde bir duygusal yakına "güvenli bağlanamayan" kişiler yetişkinlik döneminde "güvensiz" bir hayat sürer. Hem küçüklükleri hırçınlık ve söz dinlemezlik içinde geçer hem de yetişkinlik yılları problemli olur.

Annesine güvenle bağlanamayan kişi eşine de güven içinde kendisini teslim edemez. Hep bir yanı kendisini

Bir çocuğun ilk yıllarını annesinin yanında geçirmesi çok önemlidir.

korumak üzere kenarda durur. "Ne olur ne olmaz, dünyanın bin bir türlü hali var" diyerek en yakınlarından bile kendini korumaya çalışır. Ve hayatın bir savaş üzerine kurulu olduğunu her fırsatta dile getirir, kendi hayatını da o anlayışla kurgular; eşi ile savaş, işi ile savaş, komşu ve akrabaları ile savaş...

Böyle kişiler hayatlarında başarılı olsa da ruhen hep bir tükenmişlik içindedir. Tahammül güçleri zayıftır, her an patlayacak bir bomba gibidirler.

Çocukluğunda güven duygusunu doyasıya tadamamış çocukların büyüyüp yetişkin olduklarında kullandıkları en belirgin söz "Babana bile güvenmeyeceksin" olur.

Belki kalabalıklar içinde çok neşelidir bu kişiler. Sosyal hayatın "palyaçosu" gibi vazgeçilmezdirler. Girdikleri ortamların cıvıl cıvıl şenlendiricisidirler. Ama geceleri aynanın karşısında yüzlerindeki maskeyi çıkardıklarında altındaki "mutsuz" asık suratlarını kendileri bile görmeye tahammül edemez. Dolayısıyla çoğu defa kendileri ile baş başa kalmayı hiç sevmezler.

Kendi ruh acılarını kendilerinden başkası bilemez...

Bugün toplum olarak ruhunda bu tür acılar barındıran kişilerin sorunları ile boğuşuyoruz. Annesiz büyüyen çocukların sorunlarını konuşuyoruz. Annesi olduğu hâlde anne sevgisine doyamamış veya annesi yanında olmadan büyüyen çocukların oluşturduğu toplumun sıkıntısıdır çektiğimiz.

Sevgisizliktir sorunumuzun adı, aşkı bilememektir. Mevlana'sızlıktır çocukların kalbindeki katılaşmış yükün adı. Çocuklar anne sevgisine doyamadan büyüdükleri için kendi çocuklarına da hakkıyla annelik yapamıyor. İşte bu yaman çelişkinin sıkıntısını yaşıyoruz toplum olarak.

Çocuklar ile annelerin koparılması sorunudur bugünkü sorunumuzun temelinde yatan.

Bakın etrafınıza göreceksiniz, çocuğuna yetemediğini düşünen birçok anne daha erken yaşlarda "davranış öğrenmesi" için onu kreşe veriyor. Belki de hiç ihtiyacı yokken "madem çocuğu kreşe verdim, okul parasını da çıkarayım" düşüncesiyle çalışma hayatına atılıyor.

Bir toplumsal diriliş yaşanacaksa, bu dirilişin ilk "saygın kişisi" kadınlar olmalı, anneler olmalı.

Günümüz çalışma hayatı ise kadına karşı çok acımasız; "Bu kadının bir çocuğu var, işten erken çıksın da çocuğu ile buluşsun" demiyor. Aksine, "kadın, erkek ile eşittir" diyerek erkek gibi çalıştırıyor anneleri.

Eğer bir toplumsal diriliş yaşanacaksa, bu dirilişin ilk "saygın kişisi" kadınlar olmalı, anneler olmalı. Bunun yolu anneler ile çocuklarını buluşturmaktan geçiyor.

Örneğin, kadınların mesaisi geç başlasın, sabahları bebekleri ile sarmaş dolaş olsunlar. Erkeklerden daha yüksek maaş alsınlar, daha az çalışsınlar. Mesaisi erken bitsin annelerin. Hiçbir şey yapamazsanız, belediyeler annelere özel otobüs, taksi oluştursun. Pembe taksi deyin örneğin bunlara. Anneler saatlerini sokakta otobüs bekleyerek, çocuğuna yetişmek üzere sağa sola koşturarak geçirmesin.

Biliyorum, "Bunlar sanayi toplumuna uygun değil. Kadın önce bir iş gücüdür, anne değil" diyeceksiniz. Ama gidin bakın kreşlere, çocuklar "çiftlik civcivleri" gibi işten çıkıp kendisini alacak annelerini bekliyor geç saatlere kadar.

İster işveren olun, ister bu ülkeyi yöneten bir makam sahibi; saat 07.00'de kreşe bırakılıp 19.00'da alınan çocuklardan oluşacak bir toplumdan "güvenli" ve "huzurlu" insanlar beklemeniz doğru olmaz.

Çocuğuna Sahip Çıkan Kazanır

Takke düşünce kel görünürmüş ya… Karneler alınınca da eğitim sistemimizin keli göründü. Ama maşallah kimse üzerine alınmıyor.

Herkes hesabı çocuklara soruyor.

"Şu dersin ortalaması niye düşmüş", "Bu ders niye zayıfmış", "Eğer zayıflar düzeltilmezse yazın karne hediyesi alınmayacakmış"…

Sanki karnedeki notlar sadece çocuklara aitmiş gibi, çocuğun eğitiminden sorumlu herkes kenara çekiliyor, ortada kala kala Paris soytarısı gibi çocuklar kalıyor.

Hâlbuki çocukların ellerindeki karneler onların kendisinden daha çok, o çocuğun anne babasının karnesidir. Ve o çocuğa ders anlatan öğretmenin bizzat kendisinin karnesidir. Daha da ötesi, bu çocukların eğitim almaları için kitaplar ve ders notları hazırlayan milli eğitimin karnesidir o karne…

Açın bakın lütfen çocuklarınızın okul kitaplarını, okuyun örnek sorulardan birkaçını ve siz bu yaşta çözebilecek misiniz bir bakın.

Bakın, ben açtım... Kendi çocuklarımın matematik kitaplarını açtım ve kitaplar çocuklara ne kadar hitap ediyor diye bir uzman gözü ile kontrol edeyim dedim.

Sayfaları çevirdikçe, içim burkuldu. "Bu anlatılan konuların hepsi benim çocuğumdan mı isteniyor?" diye, yatakta masumca uyuyan çocuğumun yüzüne bakarken gözlerim doldu.

Nasıl dolmasın rica ederim, şu soruya siz de bakar mısınız?

"Cüneyt'in hesap makinesinde beş tuşu çalışmamaktadır. 355–252 işlemini hesap makinesinde yapabilmesi için Cüneyt'e yardım edebilir misiniz? Hangi tuşlara basarak nasıl işlem yapması gerektiğini Cüneyt'e kısaca açıklayın."

Soru bu...

Ne anladınız Allah aşkına bu sorudan?

Çekinmeyin söyleyin lütfen.

Ben arka arkaya üç defa okudum ve soruyu anlayamadım.

Anladıysanız lütfen bana bir e-mail gönderin. Küçük düşürün beni. "Bu kadar basit bir soruyu da anlayamıyorsan nasıl pedagog olmuşsun?" deyin, hafife alın. Ben anlayamadım ama eminim siz de anlamadınız ve soruyu anlayabilmek için bilmem kaç kez okudunuz, Allah bilir...

Bu soruyu ilköğretim beşinci sınıfların matematik kitabından aldım, yani daha On bir-on iki yaşındaki bir çocuğun matematik sorusu... Siz bilmem kaç yaşındasınız ve hâlâ "Bu soru ne demek istiyor?" diye düşünüyorsanız, ya bir de on yaşındaki bir çocuk ne anlasın bu sorudan rica ederim, siz söyleyin...

Sadece böylesi anlamsız sorular değil; sayfaları karıştırdıkça ülkemiz çocuklarının "sizi eğitiyoruz diye" nasıl ezildikleri gözlerimin önüne geldi.

Yani Allah'tan korkmak lazım...

Çocuk ne anlasın bu anlamsızlıklardan, söyler misiniz lütfen?

Sonra da çocuğun eline bir karne tutuşturun. Zavallı çocuk da bütün masumiyeti ile koşa koşa karnesini size getirsin ve başlayın bakalım bütün eğitim sisteminin hesabını çocuğunuzdan sormaya: "Bu zayıflar ne böyle? Seni cezalandırıyorum. Bir daha zayıf getirirsen, tatil hediyesi almayacağım sana."

Bozun bakalım çocuklarınızın kişiliğini... Yükleyin bakalım bütün eğitim sisteminin sorumluluğunu minicik omuzlara...

Hayır! Eğer azıcık vicdanınız var ise, koca bir sistemin sorumluluğunu çocuklarınızın omuzlarına yüklemeyin. Karne davası yüzünden onu mahcup etmeyin. Sahip çıkın çocuğunuza ve tebessümle sarılıp, "Boşver karneyi marneyi oğlum. Sen benim aslan oğlumsun. Karnen ister zayıf olsun, ister takdir getir, benim için fark etmez. Ben seni koşulsuz seviyorum. Ben seni, sen olduğun için seviyorum." diyerek ona teselli verin ve usulca da kulağına fısıldayın, "Sana bir sır vereyim mi, ben de senin zamanında iken zayıf aldığım derslerim vardı. Kafana takma. Hadi gel seninle biraz dışarıda dolaşalım."

Çocuklarınıza sahip çıkın...

Zira günümüzde çocuğuna sahip çıkan kazanır...

Çocuklarınıza sahip çıkın... Zira günümüzde çocuğuna sahip çıkan kazanır...

Çocuklar Spor ile Sosyalleşir

Günümüz çocuklarının en ciddi problemlerinden biri sosyal becerilerinin olmaması. Aile içinde hiç susmayan, ha bire konuşan, gerekirse yırtıcı, hırçın, ebeveynine "illallah" dedirten birileri iken arkadaş ve okul ortamlarında kendilerini bir türlü doğru ifade edememeleri oldukça dramatik bir çelişki.

Eve bir telefon gelse telefondaki aile dostu ile birkaç dakika sohbet edip hâl hatır sorduktan sonra telefonu anne-babasına uzatamıyor çocuklar. Bayramda, seyranda eve gelen misafire bir "hoş geldiniz" diyemiyor, oturup onlarla şöyle doyasıya içli dışlı konuşamıyor. Komşuya bir fincan tuz almak için gönderseniz, arkasından bir de siz gitmek zorunda kalıyorsunuz.

Eğitim yaşamı da öyle...

Okula ödev yapmadan gitseler, ödevi neden yapamadıklarını öğretmenlerine sakin bir ruh haliyle ifade edemiyor, bu ödevin telafisi için alternatif çözüm önerilerinde bulunamıyorlar. Birlikte oturduğu sıra arkadaşıyla

Okullarda gördüğünüz her üç-beş çocuktan biri şu veya bu sebeple "ilaçlanmış" olarak okul koridorlarında ruh gibi geziniyorlar maalesef.

bir sorun yaşasa, erkekse, birbirlerine tekme tokat girişiyorlar. Kızsa, saç başa birbirlerini cırmalıyorlar. Çocuklar, ya bir ezen ya da ezilen olarak anne-babalarını çaresiz bırakıyorlar.

Çocuklar, okul yaşamında sadece ezme-ezilme şikâyetleri ile değil, bir de ders yapamama, derse konsantre olamama problemleriyle ebeveynlere kök söktürüyorlar. Çocuklar oturup bir yarım saat derse odaklanamıyor. Yapacakları işi "iradi bir süreklilik" içinde takip edemiyorlar. Sırf bu nedenle çocukların en çok kullandığı ilaçlar listesinin başlarında hiperaktivite, dikkat dağınıklığı ve konsantrasyon bozukluğuyla ilgili olanlar yer alıyor.

Okullarda gördüğünüz her üç-beş çocuktan biri şu veya bu sebeple "ilaçlanmış" olarak okul koridorlarında ruh gibi geziniyorlar maalesef.

Günümüz çocukları adına çok üzülüyorum ama ne oluyor da böyle oluyorlar diye "pedagoji vaazı" vermeyeceğim.

Televizyonun çocukların "beyin göçüne" nasıl sebep olduğunu izah da etmeyeceğim. Ya da günümüz yetişkinlerinin "o heybetli dik duruşları" ile çocukların benliğine nasıl zarar verdiklerinden de...

Sebep ne olursa olsun, hem böyle sorunlar yaşanmaması hem de yaşayan ailelerin bu sorunlardan keyifle kurtulabilmesi için alternatif bir çıkış kapısından, bir "spor" dalından bahsedeceğim.

Çocuklarda "güven" duygusunu artıran, onlara çevresi ile empati kurabilme yeteneği kazandıran, kalabalıklar içinde olsalar da konsantrasyonunu bozmadan yoluna devam edebilme becerisi elde ettiren bir spor dalından, "binicilikten" söz edeceğim.

Evet, binicilik, ata binme yani...

Spor dalları içinde bir canlı ile ortaklaşa yapılan tek spordur binicilik. Binicilik eğitimi alan çocukların daha ilk günlerde onlarca kazanımına şahit oluyoruz. Attan düşmemek, atı sevk ve idare edebilmek için dikkatlerini doğal olarak nasıl da yoğunlaştırdıklarını görüyoruz. Ellerinde tuttukları gem ile kendisinden başka bir canlıyı idare edebilmelerine, onu mahmuzlayabilmelerine, onu dörtnala koşturabilmelerine, bir canlıyı hissedebilmelerine ve bir canlı ile etkileşim içine girebilmelerine şahit oluyoruz binicilik sırasında.

Ve belki daha da ötesi, parkurda atına engelleri tek tek atlatan çocukların nasıl da "güven" duygusu kazandıklarını görüyoruz.

Bu spor dalı ile meşgul olan çocukların okulda arkadaşları ile kavga etmek yerine güven duygusu ile problemlerin içinden nasıl da tebessüm ile sıyrıldığını görüp mutlu oluyoruz.

Sizi bilmem ama biz uzun zamandır ailece binicilik eğitimi alıyoruz. Ben de biniyorum, çocuklarım da... Çocuklarımı atın sırtında koştururken görmek, attan indiğinde atın yelesini okşarken izlemek, at ile burun buruna verip onunla konuştuğunun şahidi olmak bir ebeveyn olarak insana ayrı bir keyif veriyor.

Çocuğu ile karşılaştığı problemlere alternatif çözümler arayan ailelere veya çocuğu ile kaliteli bir spor dalında var olmak isteyen ebeveynlere tavsiye ederim.

Futbol Fanatiği Çocuklar

Taraftar babaların genellikle "fanatik" çocukları oluyor. Ve eğer çocuğunuz fanatikse bir gün acıyı göze almalısınız. Zira günümüzdeki hali ile futbol maalesef bir "şiddet" barınağıdır.

Stadyumda bağıran, çağıran, gol yediğinde gömleğini yırtan, oturakları koparıp hakeme fırlatan veya sokakta hiç tanımadığı karşı takımın taraftarlarının yolunu kesip elindeki bıçağı onların üzerine sallayan kişinin tek derdi "futbol" değildir...

Böylesi kişiler daha çocukluk yıllarından itibaren yaşadıkları aşağılanmaları, uğratıldıkları zararları, kalplerindeki nefretlerini "fanatizm" ile dışa vurmaktadırlar.

"Sınırsızlığı" ve kural tanımazlığın hazzını "futbol" bahanesi ile doyasıya yaşama eğilimindedirler.

Mesela, "Antisosyal Kişilik Bozukluğu" olan bir kişinin maç izlemek üzere bir stadyuma girmesi demek, maç sırasında bütün anormal dürtülerinin tetiklenmesi demektir. Tetiklenen anormal duygular ise biraz sonra hiç günahı olmayan birinin zarara uğrama riski demektir.

Şiddet toplumlarında futbol, "kişilik bozukluğu taşıyanların" içlerindeki "sapkınlıkların" dışa vurulduğu bir alana çok çabuk dönüşüyor.

"Sınırda Kişilik Bozukluğu" olan birinin "amigoların" coşturmasıyla kalabalıklar içinde kendini "daha güçlü hissetmesi" sonucu maç sonrasında ne yapacağını da bilemezsiniz. Bu yoğun dürtüselliğin uyandırdığı anormal hisler onun belindeki silahı çekip bakanlara ateş etmesine mi yol açar, yoldan geçen birilerine birdenbire anlamsızca saldırmasına mı sebep olur kestiremezsiniz.

Şiddet toplumlarında futbol, "kişilik bozukluğu taşıyanların" içlerindeki "sapkınlıkların" dışa vurulduğu bir alana çok çabuk dönüşüyor. Çocukların terbiye adına "dövülebildiği", okullarda eğitim adına "aşağılanabildiği" ortamlarda yetişenler, yetişkinlik yıllarında "futbol fanatikliğine" daha yatkın oluyorlar.

Bütün bunlar yetmezmiş gibi medyanın da "fanatik taraftar" vurgusu kişilik bozukluğu riski taşıyanların davranışlarını daha yıkıcı hâle sokabiliyor. Taraftarlık bir "bağımlılık" ilişkisine dönüşüyor. Gençler "anne sevgisini", "baba yoksunluğunu" kendi tuttuğu futbol takımına bağlanarak gidermeye çalışabiliyor.

İşte bu yüzden ebeveynler yaşama dair rehberlik ettikleri çocuklarını yanıltmamalı, onlara zarara düşürücü bağımlılıklar kazandırmamalıdır. Çocuğun bir takım tutması, o takıma "ölesiye" bağlı olması, o takım ile kendi kişiliğini özdeşleştirmesi, belki bir baba için "sanki" keyif verici durum olsa da duyarlı bir çocuk terbiyesi yöntemi değildir.

Eğer maksat spor ise günümüz çocuklarının en çok ihtiyacı olan spor dallarından biri "okçuluk"tur. Zira okçulukta "öfke" ve "nefret" değil, "sükûnet" ve "sakinlik" vardır... Gözlemlerimiz o ki futbol fanatizmi içine düşmüş çocuklar okullarda oldukça yoğun bir şekilde "dikkat dağınıklığı" yaşarken, "dingin" bir spor olan okçuluk eğitimi alan çocukların "konsantrasyon" güçlerinin üstün olduğunu görüyoruz. Okçuluk yapan bir sporcu müsabaka sonrasında sağa sola saldırmak yerine, kendisi ile birlikte bu sporu yapanlarla tokalaşmayı, tebrikleşmeyi tercih ediyor...

Ya da biniciliğe yönlendirilmeli çocuklar. Bir canlı ile yapılan yegâne spor dalıdır binicilik... Pedagojik açıdan bakılırsa at ile duygusal bir iletişim kurma çabasına giren çocuğun duygu dünyasının nasıl da açıldığını ve nasıl da "güven" duygusu içerisine girdiğini görüyoruz. İçe kapanık ve güvensiz çocukların "at terapisi" ile kendilerini nasıl da toparladıklarına şahit oluyoruz.

Veya yüzme... Ruhun bütün hâllerini fizik ve su yardımı ile uyaran, kişinin insan olma fonksiyonlarını canlı tutan bir spor dalıdır yüzme... Hırs ve nefreti, kin ve şiddeti suyun içinde eriten mucizevi spor dalına yönlendirilmeli çocuklar...

Futbol ancak çocuğun kendinin de içinde olduğu bir spor etkinliği ise üzerinde konuşulabilir. Koşması, topa vurması, yere düşmesi ile çocuk bir spor yapmanın kazanımlarını elde edebilir. Yoksa çocuğu bizzat kendisinin yapmadığı bir spor dalında zarar verici insanlarla aynı ortamda buluşturmak doğru bir ebeveyn tutumu olmasa gerek...

Tatil Ödevi Olmalı mı?

Yalova'dan İstanbul'a deniz otobüsü ile geliyorum. Üst kat tıklım tıklım. Cam kenarında bir yer bulup oturdum. Pencereden deniz manzarasını seyrederken gemi hareket etti. Hemen karşımda Sekiz-dokuz yaşlarında bir erkek çocuk oturuyor. Sağında annesi, solunda babası... Çocuğun önünde "matematik deneme sınavı kitapçığı" var.

Çocuk harıl harıl ders çalışmaya çalışıyor ama devamlı sallanan bir gemide, masa üstündeki kitaba konsantre olup soru çözmeye çalışmak ne mümkün!

Çocuk bütün bu zorluğa rağmen direniyor, soru çözmeye çalışıyor.

İçim acıdı.

Bir şey söylesem, "Siz ne karışıyorsunuz? Çocuk da bizim, kitap da..." diyebilirler. Bir şey demesem çocuğun o haline gönlüm razı değil.

Bir süre kendimi ortamdan uzaklaştırıp denizi seyretmeye koyuldum ki çocuğun içi bulandı. Annesi telaş

Tatil ders yapma zamanı değil, öğrenme zamanıdır. Derslerin soyut kavramlardan çıkıp somutlaştırıldığı zamandır.

içinde çocuğun ağzına bir peçete tutarak lavaboya koşturdu. Baba da onların arkasından lavaboya gitti. Bir süre sonra topluca geri döndüler. Çocuk yine kitabını açtı, kaldığı yerden soru çözmeye devam etti.

Yol boyunca birkaç defa daha lavaboya gidip geldiler...

Bir ara çocuğun babasına, "Hava güzel, biraz da dışarıdaki manzarayı seyretse..." demeye çalıştım. Aldığım cevap netti: "Sınavı var, hazırlanması lazım..."

Her eğitim-öğretim yılının ardından uzun bir tatil gelip kapıya dayanır. Her yıl tatil yaklaşırken korkum öğretmenlerin "tatil ödevi" vermesi, ebeveynlerin ellerinde tatil kitapları gezdire gezdire çocuklarının tatillerini zehir etmesidir.

Hâlbuki tatil ders yapma zamanı değil, öğrenme zamanıdır. Derslerin soyut kavramlardan çıkıp somutlaştırıldığı zamandır.

Okul döneminde çocuklar bir konuyu kitaptan okuyarak "soyut", yani hayalî olarak öğrenirler. Tatiller ise ellerindeki bilgileri "somutlaştırma" fırsatıdır.

Mesela çocuklar okul döneminde sosyal bilgiler dersinde "Kaymakam kimdir?" konusunu ancak kitap üzerinden soyut olarak işleyebilirler. Öğretmenin sınıf içine bir kaymakam getirtip "İşte bu kaymakam: İlçeleri yönetiyor." diyebilme şansı yokken, tatilde bir kaymakamla çocuğu tanıştırıp birkaç dakika da olsa sohbet etmeleri sağlanabilir. İşte bu somut öğrenmedir ve kalıcıdır.

Ya da coğrafya dersinde küçücük bir resimde ve soyut olarak gördükleri Kelebekler Vadisi, Konya Ovası, Tuz Gölü, Balıklı Göl gibi mekânlardan biri imkânlar ölçüsünde ziyaret edilip çocukla hasbihal ederek anlatılırsa, işte bu gerçek başarı öyküsünün yazıldığı andır...

Bu ebeveyn sorumluluğudur.

Ebeveynler kendi sorumluluklarını bırakıp çocuğun peşinde "tatil kitabı" dolaştırmaya çalışırlarsa onlarla çatışırlar. Zira çocuk tatilde ders çalışmaz. Hava güllük gülistanlıkken, dışarıda arkadaşları cıvıl cıvıl oynarken, çocuğu eve hapsetmek ve ona "Ödevini yap, ondan sonra dışarı çık!" diye baskı yapmak, bilinçli bir ebeveyn tutumu değildir.

Çocuğun desteklenmesi gereken dersleri sadece başarısız olduğu dersler değil, aynı zamanda başarılı olduğu derslerdir.

Tatilde öğrenmek kitapta değil, sahada, güncel yaşam içinde olur.

Öte yandan, çocuğunun "öğrenmesine" değil de "sınıf geçmesine" odaklanan ebeveynlerin genelde çocuğunun "başarısız" derslerini takviye etmeye çalıştığını görüyoruz.

Hâlbuki çocuğun desteklenmesi gereken dersleri sadece başarısız olduğu dersler değil, aynı zamanda başarılı olduğu derslerdir.

Çocuk matematikte başarılı ise ebeveynler tatil döneminde çocuklarının matematik başarısının daha da önünü açacak unsurları harekete geçirmeli. Mesela, bir şehir müzesinde geçmiş çağlarda kullanılan matematik araçları, gereçleri, rakamlar çocuklarla paylaşılabilir, eski matematikçilerden birilerinin mezarları ziyaret edilebilir...

Yahut çocuk fen derslerinde başarılı ise tatilde denk gelen "mucitler atölyesi" tarzında fen bilimleri etkinliklerine dâhil edilebilir, okulda aldıkları derslerin güncel yaşamdaki yerini görebilir...

Veya tatile gidilen şehirlerin manevi büyüklerini ziyaret ederken hem çocuğun din dersine katkı sağlamak hem de ziyaret edilen yerle ilgili duvardaki levhaları okumak ve ardından dua edilip oradan ayrılmak gerçek bir öğrenme anıdır...

İşte bütün bunlar ebeveynlerin tatil ödevidir.

Ödevini yapan ebeveynlerin çocukları bir sonraki yıl güçlü bir halde eğitime başlayacak, ödevini ihmal eden ebeveynlerin çocukları ise dalgalı bir denizde anne-baba arasına sıkışmış o çocuk gibi içi bulana bulana ders yapmaya devam edecektir...

Bazı Kayıplar Sınav Kaybından Daha Acıdır

Acı ama yazacağım... Telefonda sesi titrek bir anne "Hocam, çaresizim. Allah rızası için yardım edin." diye feryat etmişti.

"Sorun nedir, ben size nasıl yardımcı olabilirim?" dediğimde, "Sekizinci sınıfa giden oğlum garip garip konuşmaya başladı, korkuyoruz" dedi. İçim ürperdi.

"Buyurun gelin" diyerek görüşmeye davet ettim.

Dünyalar tatlısı bir genç, henüz on üç-on dört yaşında, ablası ile geldi. Üniversite öğrencisi olan ablası "Kardeşime bir şey oldu, korkuyorum" dedi ve ağladı.

"Ağlama, ben size yardımcı olmaya çalışacağım" dedim.

Genç kız odadan çıktı, kardeşi girdi.

Tam karşımdaki sandalyeye oturdu.

İçimde bir garip ürperti hissettim. Bu bakışları tanıyordum. Ama yine de sordum: "Merhaba, benim adım Adem Güneş, tanışabilir miyim seninle?"

Çocuk gözüme anlamsız anlamsız baktı ve "Beni neden suluyorsunuz?" dedi.

İçimde bir şeyin koptuğunu hissettim. "Nasıl yani?" dedim...

"Benim ziyaretime neden gelmedin sen!" dedi...

Korktum! Hem de çok...

"Adını öğrenebilir miyim canım, nedir adın?" diye tekrar sordum.

Cevap vermedi.

Çocuğun ablasını çağırdım. "İstersen kardeşini dışarıya alabilirsin. Biraz seninle konuşmak istiyorum" dedim.

Çocuk dışarı çıktı.

Genç kıza "Kardeşin 'Beni neden suluyorsunuz?' diye sordu. Bu ne demek?" dedim.

Genç kız elini yüzüne kapatarak ağlamaya başladı. "Kardeşim bir haftadır kendinin öldüğünü zannediyor. Mezarda çiçek sanıyor kendisini. Herkese böyle söylüyor."

Kanım dondu. Çok tatlıydı yüzü. Ne diyeceğimi bilemedim.

"Peki, son zamanlarda neler yaşadı kardeşin?" diye sorduğumda içim cız etti...

"Kardeşim lise giriş sınavı denemelerinde bölge birincisi idi. Gece gündüz sınava hazırlanıyordu. Bir gece yanıma geldi, 'Abla korkuyorum' dedi. Ben anlam veremedim önce. Sonra gözlerindeki korkuyu gördüm. Anneme haber verdim. Annem 'Ne oldu oğlum?' deyince 'Beni neden suluyorsunuz?' deyiverdi. Annem, 'Oğlum

Bazı kayıplar, sınavı kaybetmekten daha çok acı verir insana...

ne diyorsun sen, ne sulaması!' dese de anneme dönük ama boşluğa bakarak 'Beni neden mezara koydunuz?' deyince babam da uyandı, evin içinde bir garip korku oluştu.

Annem hem ağlıyor hem dua ediyordu. Cin mi çarptı acaba diye düşündü annem önce, sonra korkuları iyice arttı. Babam uykusuzluk ve sınav kaygısından dolayı halüsinasyon gördüğünü düşündü, 'Hadi yatalım, sabah ola hayır ola.' dedi ama ben yatamadım... Korku ile birkaç kez yanına gittim durdum. Sabaha karşı uyumuşum. Allah'ım bir rüya olsun gördüklerim diye sabahın ilk saatinde uyandırdım kardeşimi.

Uyandığında yine o boş gözlerle baktı bana. Anlamsız bir-iki söz söyledi, benim sinirlerim iyice gerildiği için omuzundan tutup salladım, 'Kendine gel ya, yapma, korkuyorum' dedim ama sanki uyurgezer gibi idi, hiç etkilenmedi bile. Annemler yanımıza geldiler, annem ağlamaya başladı, babam şaşkındı."

"Doktora götürdünüz mü?" diye sordum. "Bir haftadır hastanelere gidiyoruz, psikiyatra gittik, ilaç aldık ama hiçbir şey değişmedi" dedi.

İçim çok yandı. Ne diyeceğimi şaşırdım. "Ben size yardımcı olamam ki..." diyebildim. Genç kız sordu: "Kendiliğinden geçer mi hocam, ne yapalım? Annem diyor, 'Taşınalım İstanbul'dan. Memleketimize dönelim. Ben oğlumu okutmak falan istemiyorum. Kendim bakar büyütürüm.' Önümüzdeki hafta da sınavı var, dershaneden öğretmenleri arıyor, onlara da bir şey diyemedik. Ne yapalım? Bize bir akıl verin n'olur!"

Hiç bu kadar çaresiz kalmamıştım. "Kardeşinizin akıl zembereği boşalmış galiba" diyemedim. "Annenizi dinleyin. Alın kardeşinizi gidin buralardan" diyebildim.

Vedalaştık...

O çıktı, ben kaldım sandalyede tek başıma...

Durdum biraz... Gözlerimi tavana çevirdim... Düşündüm... Sonra kendime hâkim olamadım. Ellerimi yüzüme kapattım ve hıçkırıklarla ağlamaya başladım...

Bu olayın üzerinden iki yıl geçti. Bu genç delikanlı ne halde bilemiyorum. Aile Konya'ya gidecekti, gitti mi onu da bilmiyorum. Ama bildiğim bir şey var: Ülkemizdeki sınavlara yüklenen anlam, çocukların ruh sağlığını bozuyor. Yetkililer ne yapar bilemiyorum ama sınav tarihi yaklaşırken koca koca çocukların altlarını ıslattıklarına, panik atak olduklarına, geceleri kâbus gördüklerine, kekelemeye başladıklarına şahit oldukça benim de psikolojim bozuluyor.

Her yıl üniversitelere ve liselere geçiş sınavları oluyor. Sözüm tesir eder mi bilemiyorum ama bunaltmayın çocuğunuzu. Bırakın kaygılanmadan sınavlara hazırlansınlar ve son haftalarında dinlensinler, kendilerine gelsinler. Sınav her şey demek değil. Zira bazı kayıplar, sınavı kaybetmekten daha çok acı verir insana...

Okul Serviste Başlar

Son zamanlarda dikkatim trafikteki "okul servisi" yazan araçlara yoğunlaştı. Yoğunlaştıkça hayal kırıklıklarım da arttı.

Zira anne-babalar, servislerin modeline ve konforuna dikkat ettikleri kadar çocuklarının okul yolculuğu sırasında neler yaşadıklarına önem vermiyorlar.

Hâlbuki özellikle büyük şehirlerde en az yarım saat, bir saat süren okul yolculuğu çocukların ilk ders saatidir. Zihnin öğrenmeye en hazır olduğu sabah saatlerinde çocukların duyacakları, görecekleri şeyler, derslerde duydukları ve gördüklerinden daha kalıcı olur.

Mesela siz, çocuğunuzu bir trafik kazasına kurban vermemek için ona özene bezene trafik kurallarını öğretiyor, kırmızı ışıkta durmanın gerekliliğini anlatıyor, yaya kaldırımının yayalar için olduğunu ifade ediyorsunuz. Gelin görün ki çocuğunuzu her gün emanet ettiğiniz servis şoförü sizin bu hassasiyetinizi uygulamıyorsa, siz kendinizi boşuna yoruyorsunuz demektir.

Zihnin öğrenmeye en hazır olduğu sabah saatlerinde çocukların duyacakları, görecekleri şeyler, derslerde duydukları ve gördüklerinden daha kalıcı olur.

Hatta bazen servis şoförü, kuralları uygulamamak bir yana, "Kırmızı ışıkta geçtin abi!" diye kendisini uyaran çocuğa "Boş ver oğlum! Kurallar çiğnenmek içindir!" diyerek güya kendince espri yapıyor ve o servis içindeki çocuklar da masum hâlleri ile bu espriye gülüyorlarsa, sizin eğiticiliğiniz çocuğunuzun "ezilmesinden" başka bir işe yaramıyor demektir.

Hâlbuki çocukların servis içindeki dakikaları eğitimin bir parçasıdır ve eğitim okul yolunda başlar.

Nasrettin Hoca'nın eşeğine ters binmesini hatırlarsınız. Nasrettin Hoca, herkesin bildiğinin aksine, insanlar kendisine gülsün diye değil, ilk derslerini okul yolunda yaptığı için eşeğe ters binmiştir.

Hoca, her sabah erken saatte öğrencilerini tek tek evlerinden alır, her bir öğrenci de kendi eşeğine binerek hocanın arkasından okula devam ederdi. Nasrettin Hoca, günün en verimli saatlerini boşa geçirmemek için eşeğe ters binerek arkasından gelen öğrencilere ders anlatır, ilk dersi okul yolunda yapardı.

Böyle bir gelenekten gelmiş bir toplumun, çocuklarını emanet ettikleri şoförlerin durumlarını dikkate almaması oldukça trajiktir.

Hatta daha da ötesi, günümüzde okullar "angarya" olarak gördükleri için servis işini "taşeron" şirketlere ihale yolu ile vererek bu "yorucu" işten kenara çekiliyorlar. Hâlbuki bu yanlıştır.

Okullar servis sürecini eğitimin bir parçası haline getirmeli, servis şoförlerine daha önem vermeli. Servis şoförlüğü, vasıfsız insanların yaptığı bir iş olmaktan çıkartılmalı. Şoförlerin eğitimlerine önem verilmeli, onların okul ve eğitim süreci ile bütünleşmeleri sağlanmalı.

Mesela o hafta Sosyal Bilgiler dersinde kaymakamlıktan, Kızılay'ın görevlerinden bahsediliyor ise servis şoförü servis yolculuğu sırasında çocuklara yolda karşılaşacağı hükümet konağını göstermeli, Kızılay kan merkezlerinin yanından geçerken çocukların dikkatlerini o noktaya çekmeli. Böylece teorik bilgiler pratiğe dökülmüş olur.

Çocukların servis içindeki dakikaları eğitimin bir parçasıdır ve eğitim okul yolunda başlar.

Veya yaşlılara saygıdan bahsedildiği bir hafta okul yöneticileri, servis şoförlerini okula davet etse ve "Arkadaşlar bu hafta öğrencilere yaşlılara saygıdan bahsedildi, bu hususta siz de yolda karşılaşacağınız pratik tecrübeleri çocuklara sunar mısınız?" dese ne kadar güzel olur. Böylece bir servis şoförü yolda karşıdan karşıya geçen bir yaşlı teyzeye "Buyrun!" diye yol verdiğinde, çocukların teorik bilgileri pratik ile pekiştirilmiş olur.

Bırakın çocukların yollarda bu denli duyarlı bir eğitim sürecini takip etmelerini, çoğu defa servis şoförleri kendi hoşlarına giden bir arabesk müziği sonuna kadar açıp çocuklara "Ölesim geldi" sözlerini dinlete dinlete yolculuk yapıyorlar. Bu durum, ne okulun ne de ailenin dikkatini çekiyor.

Eğitim bir bütündür. Yolda geçen süre de eğitimin bir parçasıdır.

Okul yönetimleri ve okul aile birlikleri, çocukların trafikteki emniyetinden tutun da yolda geçen eğitim sürecinin kalitelendirilmesine kadar söz sahibi olmalıdır.

Okul Servislerinde "Sesli Kitap"

Bir önceki başlıkta okul servislerinin eğitimin bir parçası olması gerektiğinden bahsettim. Ebeveynlerin araçların modeline dikkat ettiği kadar, çocukların o servislerin içinde neler yaşadıklarına da özen göstermesi gerektiğinin altını çizmiştim.

Çünkü okul servisleri eğitimin görünmeyen bir yarasını oluşturuyor.

İşin acı tarafı ebeveynler bu yarayı görüyor ama çok da yapacak bir şeyleri olmadığı için gözlerini kapatmış durumdalar. Ta ki ciddi bir sorunla yüz yüze gelinceye kadar...

İşte size iç acıtıcı bir örnek:

"Adem Bey, geçen yıl kızım hep servisteki olumsuz atmosferden bahsediyordu. Ama bizim asıl şok geçirmemize sebep olan olayı okullar kapanmadan bir hafta önce yaşadık. O gün kızımın saçlarını özenerek bağlayıp okula yolcu etmiştim. Okul dönüşünde ise saçları açılmış, ter içinde kalmıştı. Eve gelince 'Ne oldu kızım? Bu ne

Okul servisleri eğitimin görünmeyen bir yarasını oluşturuyor.

hâl?' diye sorduğumda, 'Anne hani okullar tatil olacak ya... Servisçi amca Mezdeke'yi açtı. Hostes abla da hadi kalk oyna dedi. Ben de servisin içinde oynadım, herkes de beni alkışladı.' deyince kanım dondu... Aracın içindeki küçük bir boşlukta dansöz gibi oynatılan kızım, servisin ani bir manevrasıyla savrulup düşebilirdi. Sinirimden kendi kendimi yedim. Ertesi gün duyarlı olduğunu düşündüğüm okul yönetimiyle bu konuyu konuştum ama derdimi tam anlatamadım. Anlatamadığım gibi bir de adım 'problemli anne'ye çıktı."

Bir başka anne ise okul servisi tecrübesini şöyle anlatıyor: "Hocam, biz ailecek araç içinde emniyet kemerini mutlaka takarız ve bu güzel alışkanlığı küçük yaştan itibaren oğlumuza da kazandırdık. Ama maalesef bizim yıllar süren bu eğitim kazanımımız bir haftalık okul servisi sürecinde yıkıldı gitti. Oğluma servise bineceği ilk gün sıkı sıkıya tembih ettim emniyet kemerini mutlaka taksın diye... Akşam olup servisten aldığımda, 'Emniyet kemerini taktın mı oğlum?' diye sordum. Oğlum ilk defa bana karşı öfkeli bir ses tonu ile 'Bir daha bana emniyet kemeri deme anne! Herkes benimle dalga geçti.' dedi... 'Neden oğlum? Ne oldu ki?' diye tekrar sorduğumda, 'Serviste emniyet kemeri takılmazmış... Servisçi amca 20 yıllık şoförmüş, korkmama gerek yokmuş... Eğer emniyet kemeri takmak istersem uçakla yolculuk yapmalıymışım' dedi. O gün bugündür çocuğum kendi hususi aracımızda dahi emniyet kemeri takmaz oldu..."

Onlarca örnekten birkaçı idi bunlar...

Evet, bu örnekler sorunun bizzat kendisi... "Peki, çözüm için ne yapılabilir?" diye düşünürken Kayseri'de uygulanan sesli kitap projesinden bahseden bir habere rastladım. Haberde "Sesli Kitap" projesi ile "100 Temel

Eser"in Kayseri'deki tüm okul servislerinde dinletildiği aktarılmış. Bu proje sadece Kayseri ile de sınırlı kalmamış, Türkiye genelinde 4 bin 400 servis aracında hayata geçirilmiş...

Ne denir buna bilmiyorum! Yukarıdaki olumsuz örneklerden sonra bu duyarlı projeye şapka çıkarmak gerekir. Ancak Kayserili "dehası" ile ortaya çıkan bu proje burada kalmamalı, il il yaygınlaştırılmalı. Sadece "100 Temel Eser" değil, yol boyunca "mezdeke" çalıp çocukları oynatmak yerine, olumlu davranışlar kazandırmak için hazırlanmış, "radyo tiyatroları" dinletilmeli.

İşte bu bir toplumsal duyarlılıktır.

Veli-okul işbirliği içinde geliştirilecek "Eğitim Serviste Başlar Projesi" servis araçlarındaki bu çirkinlikleri önleyebilecek bir reçete olabilir. Çocukların yol boyunca "kaba, çirkin" sözleri işitmeleri ya da trafik kuralları ile "dalga geçen" konuşmalara şahit olmaları yerine okul yolunda eğitimi başlatmış oluruz.

Ben inanıyorum ki böylesi kaliteli bir hayatı bizim ülkemizin çocukları da hak ediyor. Yeter ki yetişkinler çocukların neler yaşadığını görebilecek duyarlılığa sahip olsun, böylesi duyarlıca hazırlanan projelere candan destek çıksınlar.

Veli-okul işbirliği içinde geliştirilecek "Eğitim Serviste Başlar Projesi" servis araçlarındaki bu çirkinlikleri önleyebilecek bir reçete olabilir.

ANNELERİN DE BİR ÇOCUKLUK ÖYKÜSÜ VAR

Eş Eşin Terapistidir

Anne-çocuk bağlanması üzerine bir akademik çalışma yürütmüştüm. Bir çocuğun annesine "güvenli bağlanması" nasıl gerçekleşiyor? Anne ile çocuk arasında gerçekleşen (ya da gerçekleşemeyen) bu "bağlanma" çocuğun gelecekteki yaşamına nasıl tesir ediyor? Araştırma oldukça önemli ve ben de bu konuyla ilgilendim.

Belki ülkemiz için yeni olabilir ama pedagojinin en önemli konularından biri olan anne-çocuk "bağlanması" ve "ayrılması", Batılı akademisyenler için hayati önem taşıyor. Zira erken çocukluk döneminde anne ile çocuk arasında kurulan bu bağın kalitesi çocuğun gelecek yaşamında oldukça belirgin bir rol oynuyor.

Bu konudaki önemli çalışmalardan birini Prof. Dr. David M. Fergusson yaptı. Yeni Zelanda'da 1265 çocuğun doğdukları günden itibaren, tam 30 yıl boyunca duygusal gelişimleri gözlem altında tutuldu.

Dünya pedagoji literatürüne çok önemli bir katkı sağlayan bu çalışmada, "erken çocukluk döneminde"

Bebeklik döneminde annesi ile "güvenli bağ" kuramamış çocukların temel ortak özelliği "kaygılı" olmaları.

anne-çocuk arasındaki bağlanmanın çocuğun gelecek yaşamında oluşturduğu etki, hayret verici bir belirginlik ile ortaya konuldu.

Buna göre bebeklik döneminde annesi ile "güvenli bağ" kuramamış çocukların temel ortak özelliği "kaygılı" olmaları. Endişeli benlik yapısına sahip çocuklarda ise ilerleyen yaş dönemlerinde farklı farklı davranış bozuklukları gözlemleniyor. Örneğin bu çocuklar yedi ile dokuz yaş arasında ya içe kapanık bir ruh hali sergiliyor; sosyal davranışlarında bir gerileme gözlemleniyor ya da agresif bir ruh yapısına sahip oluyorlar.

Daha net ifade ile söyleyecek olursak, erken çocukluk döneminde anne ile doyasıya bağ kuramamış çocuklar ya yaşadıkları bu hayal kırıklığı ile etrafa karşı yıkıcı ve saldırgan oluyorlar veya içe kapanık bir ruh hali ile yaşamlarının geri kalan kısmını asosyal olarak sürdürüyorlar...

"Çocuk böylesi bir ruha büründü ise her şey bitmiş mi oluyor?" sorusu hemen sorulabilir. Cevap umut verici: İnsan ruhuna ait sistem mükemmel bir şekilde işlediği için yapılan hata ve eksikliklerin giderilmesi de her dönemde mümkün oluyor.

Yine aynı araştırmaya göre, çocukluk döneminde annesi ile güvenli bağ kuramamış çocuklara "ergenlik döneminde" pozitif bir aile ortamı sunulduğu takdirde davranışlarındaki bu negatiflik yeniden olumluya dönebiliyor.

Bütün bu çalışmaları veri olarak aldığımızda, ülkemizdeki anne-çocuk bağlanmasının ne durumda olduğunu araştırmanın ülkemiz çocuklarının psikolojisini anlamak için oldukça önemli olduğunu düşünüyoruz.

Bu nedenle 800 anne ile bir anket gerçekleştirdik. Ankete katılan annelere iki temel soru sorduk. Birincisi, kendi gözlemlerine dayanarak çocukları ile "güvenli bağ" kurup kuramadıkları idi. Diğeri ise çocuklarında hangi davranış bozukluklarını gözlemledikleriydi.

Ne ilaç, ne psikolog... Eş eşe yetiyor...

Anketin değerlendirilmesi devam ediyor ancak ilk sonuçlara baktığımızda oldukça önemli bir bilgiyi içeriyor.

O bilgi de ankete katılan 800 kişinin sadece 159'unun kendi çocukluk döneminde annesi ile "güvenli bağ" kurduğunu söylemesiydi. Bir başka deyişle annelerin yüzde 81'i kendi çocukluk dönemlerinde anneleri ile doyasıya bir anne-çocuk ilişkisi kuramadıklarını ifade ediyorlardı.

Annesi ile doyasıya anne-çocuk bağı kuramamış çocukların bugün kendileri annelik yapıyor. Bu oldukça üzücü bir durum...

Zira çocukluk döneminde kendisinde güven ve emniyet duygusu oluşmamış bir anne, kendi çocuğuna veya eşine ne kadar güvenebilir ve ne kadar kaygısızca annelik yapabilir ki? Evet, bu zor ama imkânsız da değil...

Eş eşe yardımcı olabilir ve eşler birbirlerinden "mükemmel olmayı beklemezlerse" çocukluk döneminde ne yaşanırsa yaşansın evlilik süreci bu olumsuzlukları olumluya çevirebilecek bir özellik taşıyor. Eşler birbirlerine çocukluk dönemlerinde yaşadıkları gerçekleri de görecek şekilde iletişimde bulunurlarsa birbirlerinin "terapisti" gibi oluyorlar. Ne ilaç, ne psikolog... Eş eşe yetiyor...

Ve o zaman yıllar süren olumsuz hayat, evlilik içinde "yeni bir yaşama" dönüşebiliyor... Aksi takdirde annelerin ve çocukların hırçın ve sinirli, eşlerin de huzursuz ve kavgalı olması kaçınılmazdır.

Sağlıklı Evlilik İçin Sağlam Kişilik

Boşanmak üzere olan bir karı koca yanıma geldi. Becerememişler evliliği ve ayrılmaya karar vermişler.

Orta yaşlarındalar. Kadın otuz dokuz, erkek kırk iki yaşında. Üç tane de çocukları var: Büyük kızları lise son sınıf öğrencisi; ailede yaşanan bu sorunlar nedeni ile iyice içine kapanmış.

Bana "Ayrıldığımızda çocuğumuz en az nasıl zarara uğrar?" diye danışmaya gelmişler.

Böylesi durumlarda içime ince bir sızı düşer.

Sordum: "Ayrılmasanız olmaz mı? Bir aile danışmanına gitseydiniz, bir hakemden yardım alsaydınız."

Gitmişler, ama bir sonuç alamamışlar. Sonuç alamama bir tarafa, aldıkları danışmanlık ayrılık sürecini daha da hızlandırmış. Kadın bu süreçte kendisinin nasıl da yıprandığını gözleri dolarak anlattı:

"Hocam, yapmadığım fedakârlık kalmadı. Evliliğimi kaybetmemek için kişiliğimi kaybettim. Bana dediler ki eşini kendine bağlamak için onun 'nefsine' hitap et.

Nefislere hitap edildiği kadar ayakta tutulacak bir oluşum değildir evlilik.

Dekolte kıyafetler giy. Çek erkeğini kendine. Ben tesettüre azami riayet eden bir kadınken, evimin içinde çocuklarımın karşısında kendimi kötü hissetsem de olmadık kıyafetlerle kocamın karşısına çıktım. Ama nafile. Ben böyle giyindikçe, dönüp bana bakacağı yerde giydiğim kıyafetler nedeni ile onurumu kırıcı sözler söyledi. Çok düşündüm hocam, hiç uğraşmayın. Ayrılmaya kararlıyım ben."

Çünkü bu kadın ayrılmamak için kişiliğinden taviz vermesi gerektiğine dair aile danışmanından tavsiyeler almış. Kendisini rahatsız hissetse de eşinin "nefsine hitap etmesi" ve kendisini kocasına "sunmaya" çalışarak çıkış yolu araması önerilmiş.

Ama evlilik böyle bir şey değil ki...

Önceki gün bir e-mail aldım. Bir dindar hanım şöyle soruyordu: "Hanım arkadaşlarımızla fikir alışverişinde bulunurken, bir sorunun içinden çıkamadık. Malum, hanımların beylerine süslenmesi tavsiye edilmiştir. Eşlerimize güzel görünmek için süslenirken, çocuklarımızın mahremiyet eğitimini zedelemiş olur muyuz? Özellikle ergenliğe girmiş olan çocuklarımızın karşısında eşlerimiz için giyeceğimiz kıyafetler, çocuklarımızın anneye bakışını nasıl etkiler?"

Bu sorudan ve yukarıdaki boşanma olayının "onur kırıcı" yanından anladım ki kadınlar bir yerde yanılıyor.

Galiba bir fısıltı gazetesi, kadınlara evliliklerini ayakta tutabilmeleri için eşlerinin nefsine hitap etmeleri tavsiyesinde bulunuluyor.

Bu, onur kırıcı bir davranıştır. Evlilik böyle bir şey değildir.

Nefislere hitap edildiği kadar ayakta tutulacak bir oluşum değildir evlilik.

Eğer evliliklere bu gözle bakılırsa, insanların yaşlılık hâllerinde, düşkünlük ve sakatlanma hâllerinde o aileler yerle bir olur.

Evet, kadının süslenmesi tavsiye edilmektedir ama bu süslenme, bir "kölenin" kendisini beğendirmek üzere "efendisine" sunması gibi bir şey de değildir. Bu konuda ailelere tavsiyede bulunanlar yanılmamalıdır.

Belki şöyle izah etmek gerekir: Evet, zaten süslenmek, kadının fıtratının gereğidir. Süslendikçe fıtratının coşkusunu ve kadın olmanın heyecanını yaşar. Ancak kişinin kendi içindeki bu coşkuyu yaşayabilmesi için bu süslenmiş halini "görecek" ve bu haline "beğenisini" ifade edecek biri olması gerekir ki içindeki kıpırtılara can gelsin. İşte bu, eştir. Bu açıdan bakıldığında kadının süslenmesi, kendisini eşine "sunması" değil, aksine "kendisine beğeni ile bakan eşi vasıtası ile duygularını coşku içinde tutmasıdır."

Ayrıca, bir kadının kendisini süslemesi, illa "açık giyinmek" demek de değildir.

Maalesef günümüzde popüler kültürün tesiri ile en mütedeyyin insanlarda bile süslenmek demek, dekolte kıyafet giymek olarak algılanıyor.

Hâlbuki süslenmek kişinin ruhuna uygun giyinmesidir. Kendisi ile çelişmeden, kendini rahat hissetmesi demektir.

Ve en "süslü" kişi de kendisi gibi olabilen kişidir.

Burada aile danışmanlarına büyük iş düşüyor.

Aileyi koruyayım ve eşleri birbirlerine yakınlaştırayım derken eşlerin kişiliklerini kaybettirecek tavsiyelerde bulunmak, ayrılış sürecini yavaşlatmaz, daha da hızlandırır.

Unutmamalı ki insanlar, evliliklerini, kişiliklerini koruyabildiği kadar koruyabilir.

Süslenmek kişinin ruhuna uygun giyinmesidir. Kendisi ile çelişmeden, kendini rahat hissetmesi demektir.

Terapiye Muhtaç Terapistler

Bir yaz ayı idi... Bir hanımefendi telefon etmişti. Yorgun bir ses tonu ile "Hocam, çok kısa vaktinizi alacağım, bana birkaç dakikanızı ayırabilir misiniz?" diyerek yardım talep etmişti...

Böylesi çaresiz bir sesin sahibine "Hayır" diyemezdim. "Buyurun" diyerek kendisini dinlemeye başladım.

Telefondaki ses, öncelikle bu konuşmayı kendisi için değil, bir hanım arkadaşı için yaptığını belirtti. Arkadaşının psikolojisinin oldukça bozuk olduğunu, derdini tam anlatamayacağını düşündüklerinden dolayı ona yardımcı olmak istediklerini söyledi.

Anlatmaya başladı:

"Hanım arkadaşım otuz beş yaşında ve on yıllık evliliğinden iki çocuğu var. Geçen yıla kadar mutlu bir aile ortamı vardı. Ancak geçen yıl arkadaşımın eşi, tanıştığı bir hanımla da nikâh kıymak istediğini belirterek arkadaşımızdan izin istemiş. Arkadaşım, böylesi bir talep karşısında şok geçirmiş ve evde kızılca kıyamet kopmuş. Ancak beyefendi ısrarla ve eşine şiddet uygulayarak bu durumu arkadaşıma kabul ettirmeye çalışmış. Durumu kabullenemeyen arkadaşım sonunda eşini evden kovdu."

Bunları dinlerken, ülkemizde yaşanan aile dramları teker teker gözlerimin önünden film şeridi gibi geçmeye başladı...

Telefondaki ses devam etti:

"Hocam, arkadaşım yaşadığı bu haksızlığı sindiremedi ve sonunda ciddi bir depresyona girdi. Bizim toplantılarımıza katılamaz oldu. Bir hafta hiç yataktan kalkmadı. Çocuklarına yemek dahi yapmadı. Hayata küstü. Sonunda kendisini ziyaret edip durumunun iyi olmadığını, bir uzman desteği alması gerektiğini anlattık. Çevresi tarafından da tanınan bir aile oldukları için, tanıdık bir psikolog yerine uzakta bir yerde ve kendisini hiç tanımayacak biri ile görüştürmek istedik ve bir psikoloğa götürdük. Birkaç hafta aksatmadan seanslara gitti. Hafif hafif toparlanır gibi oldu. Bir gün kendisini ziyarete gittiğimizde artık gününü yatakta geçirmediğini öğrendik ama yüzünde anlamsız bir huzursuzluk hali vardı. Gerginliği her halinden belli idi... Şimdiye kadar çocuklarına sesini dahi yükseltmemiş olan bu hanım, artık çocuklarını sopa ile dövmeye başladı."

Tam bu sırada dayanamayıp araya girdim:

"Ama bir psikolog desteği almıyor muydu arkadaşınız?"

"Evet hocam, psikolog ile görüşmeleri devam ederken olmuş zaten bu durum."

"Nasıl yani?"

"Şöyle ki hocam... Arkadaşımızı götürdüğümüz psikolog, din ve dindarlara karşı çok önyargılı biriymiş. Arkadaşımızla yaptığı konuşmada ona, "Eşin seni terk edip başka bir kadına gitmiş. Sen ise hâlâ onun yasını tutuyorsun. Gençsin, sağlıklısın... Sana git bir başka adam bul demiyorum. Zaten başörtülü biri olduğun için bunu yapmazsın. Günümüzde teknolojik imkânlar çok. Gir internete, chat sayfalarında, Facebook'ta birileri ile konuş, sohbet et, yeni insanlar tanı, dikkatin dağılsın." diye tavsiyede bulunmuş.

Rastgele bir uzman ile görüşmek doğru değildir.

"Bunu bir psikolog mu söylemiş?" diye şaşkınlığımı dile getirdim...

Aldığım cevap içime bir zehir gibi aktı: "Evet hocam, arkadaşımızı götürdüğümüz uzman böyle tavsiyede bulunmuş. Arkadaşımız da o andaki bozuk ruh haliyle ne yapacağını bilememiş ve bir süre sonra bu tavsiyeye uymuş. Aradan günler geçmiş, internette yeni yeni insanlar tanımaya başlamış. Zaten duygusal bir boşluğun da içinde olduğu için bir kişinin güzel sözlerine kanmış. Onunla dostluğunu ilerletmiş. Telefonlaşmaya bile başlamışlar. Ama arkadaşım yaşadığı bu anormal durumu da bir türlü kendisine yakıştıramamış, içine sindirememiş... İçinde yaşadığı bunca çatışmaların üstüne bir de bu eklenince arkadaşımızın psikolojisi tamamen bozuldu. Çocuklarına karşı hırçın, saldırgan, tahammülsüz bir insan olup çıktı. Şimdi ise girdiği bu bataktan çıkamıyor, bize nasıl yardımcı olabilirsiniz?"

Açıkçası ne diyeceğimi şaşırdım...

Rastgele bir uzman ile görüşmek doğru değildir.

Bir kişi gerek pedagojik gerekse de psikolojik destek ihtiyacı hissediyor ise, mutlaka gideceği uzmanın kim olduğunu ve hangi yol ve yöntemleri kullanarak danışanına rehberlik yaptığını bilmelidir. Kendi duygu, düşünce ve değerlerine ne kadar saygılı olduğunu bilmelidir...

Yoksa bir uzman da bazen kişiyi terapiye muhtaç edebilir...

Çocuğa Bağlanmak

"Günümüz insanının en temel sorunu nedir?" diye sorulacak olsa hiç tereddüt etmeden anne ile çocuk arasındaki "bağlanma" sorunundan bahsederdim.

Çocuklar, maalesef anneleriyle "güvenli bağlanma" gerçekleştirmeden gençlik yıllarına adım atıyorlar. Bu durum hem çocukta duygusal yoksunluktan kaynaklanan bir huzursuzluk oluşturuyor hem de çocuğu ile bağlanamayan annede hırçınlıklara neden oluyor.

Nedir güvenli bağlanma?

Güvenli bağlanma benliğin henüz yeni yeni şekil almaya başladığı özellikle ilk dört yaş döneminde çocuğun, kendini annesine (veya bir duygusal yakına) güven içinde "bırakması" ile oluşan bağlanmanın adıdır. Veya bir başka deyişle; bir çocuğun duygusal olarak annesine doyasıya erişebilmesi ile oluşan "ruh genişliğidir".

Erken çocukluk döneminde annesi ile güvenli bağlanmış çocukların, yetişkinlik yıllarında "strese" karşı daha dirençli, insan ilişkilerinde daha "olgun" kişilik özellikleri

Annesi ile "güvenli bağlanamamış" kişilerin en temel özellikleri, yaşama ve insanlara karşı "güvensizlik"leridir.

taşıdıkları yapılan bilimsel çalışmalarla sabittir. Ayrıca, güvenli bağlanmış kişilerin evlilik ilişkinlerinin de daha pozitif olduğu, araştırmalarda ortaya çıkmaktadır.

Bunun tam tersi, annesi ile "güvenli bağlanamamış" kişilerin en temel özellikleri, yaşama ve insanlara karşı "güvensizlik"leridir.

Böylesi kişiler kendilerini tam bir güven içinde başkasına teslim edemezler; bu, eşleri dahi olsa; "yarın ne olur ne olmaz" diye kendilerini emniyet içinde tutmaya çalıştıkları bir "güvensizlik alanı" oluşturma gayreti içindedirler. Yaşamı bir "dayanışma" içinde görmek yerine "kimseye muhtaç olmadan" yaşayabilme çabasından bahsederler hep... Hayat, böylesi kişiler için bir "savaş alanıdır" ve "güçlü olan kazanacaktır." Bu yüzden onlar için hayatta "duygusallığa" yer yoktur. Acımak zavallılıktır. Gözyaşı ancak zavallıların işidir.

Aslında bu kişiler, dışarıdan bakıldığında yaşama karşı daha dirençli gibi görünürler. Duyarsızlıklarından elde ettikleri güç ile birçok başarıya imza atabilirler ancak, duygu dünyalarını çok erken dönemlerden itibaren dinlememeyi bir alışkanlık haline getirdikleri için o dik duruşlarının ardında aslında garip bir trajedi vardır. Böyle kişiler bir çocuk gibi her an sevgiye muhtaç ama açlığını itiraf edemeyecek kadar gururludur ve bir o kadar da sevgiye doyumsuzdurlar. Ne kadar sevilirlerse sevilsinler yine de daha çok sevgi beklerler. Aslında bekledikleri sevgi ne eş ne dost sevgisidir. O, yıllar önce "güvenli bağlanma" sırasında annesinden doya doya alamadığı sevginin boşluğudur.

Anne-çocuk bağlanmasının belki en iç acıtıcı tarafı ise, çocukluk döneminde kendi annesi ile güvenli bağlanamamış bir kız çocuğunun yetişip kendisi anne olduğunda, çok istediği halde kendi çocuğu ile bir bütünlük kuramamasıdır.

Bu kısır döngüden çıkmanın yolu, duygu dünyasında "duyarsızlığı" bir yaşam tarzı haline getiren annenin kendisini yeniden "duyabilir" hale gelmeye çaba sarf etmesidir. Zira insan duyabildiği kadar yaşayabilir ve çocuk ancak kendisini duyabilen bir anneye bağlanır.

İnsan duyabildiği kadar yaşayabilir ve çocuk ancak kendisini duyabilen bir anneye bağlanır.

Çocuk, güvenli bağlandığı bir anneden güvenli ayrılır. Aksi takdirde anne bağımlısı olur. Zira bir çocuğun annesine bağımlı kalması, annesine bir türlü doyamamasının bir sonucudur. Birçok anne "ben çocuğumu canımdan çok seviyorum ve ona bağlıyım" diye kendisini tarif etse de, "bağlanma" sevmek demek değildir. Bağlanma, annenin kendisini çocuğuna öylece bırakabilmesidir. Çocuğuna karşı buyurucu bir ruha sahip olmak yerine onunla çocukluğunu yeniden yaşayabilecek genişliğe erişmesi demektir.

Peki, bütün bunlar tek başına olacak şeyler midir?

Tabii ki hayır!

Eş olmadan eş olunmaz...

Belki çocukluk yıllarında anne-çocuk bağlanmasında sorunlar yaşanmış olabilir. Ama unutmamak gerekir ki evlilik, bir doğal terapi merkezidir.

Kim geçmişte ne yaşadıysa yaşasın, huzurlu bir evliliği arzu eden eşler birbirlerinin terapisti olmalı ve birbirine "kördüğüm" gibi bağlanmalıdır.

Zira kim eşine kördüğüm gibi bağlanırsa çocuğuna da bağlanabilir. Eşine pamuk ipliği ile bağlı olan çocuğunu çok sevse de kendini "güven içinde bir bırakmışlık hâli" ile çocuğuna bağlamakta zorluk çeker.

Annelerin de Bir Çocukluk Öyküsü Var

Çocuk ile anne arasındaki ilk yıllar oldukça önemlidir. Bir bebek, henüz tanımadığı sesler ve görüntüler arasında aslında korku ve endişe içindedir ve bir teselliciye ihtiyacı vardır. Endişelerini giderecek bir tesellici bulursa kişilik ve karakterini keyiflice şekillendirir, etrafa gülücükler saçar, ruhu "sükûn" içinde güçlü bir benlik yapısına doğru adım adım ilerler ve çocuk kendisi gibi olur.

Eğer bir çocuk bu dönemde güven içerisinde bağlanacak bir kişi bulamazsa huzursuz ve agresif olur, şiddete meyleder. Ne kendisi gibi olabilir ne de kendisinden beklendiği gibi…

Ve aslında bu bir kısır döngüdür. Zira çocuğunda huzursuz ve agresif bir hâl sezinleyen birçok anne kucağını açıp ona teselli vereceği yerde, maalesef bu "mızmız" ve "ağlamaklı" hâlden rahatsız olur. Ardından da onu böyle cezalandırarak yok etmeye çalışmayı bir marifet zanneder.

Ve insanın dramı işte burada başlar.

Zira sevebilmek yetenek ister ve kişi ancak çocukluk yıllarında sevildiği kadar sevebilir.

Güven duygusuna ihtiyaç duyan çocuk bulamadığı tesellinin huzursuzluğu ile daha çok hırçınlaşır ve annesini daha çok rahatsız eder. Anne ile çocuk arasında yaşanan bu kısır döngünün adı "kaygılı bağlanma"dır. Böylesi bir çocuk, annesinin varlığı içinde anne yoksunluğu ile büyür. İçinde adını koyamadığı bu yoksunluk hep yeni yeni problemler oluşmasına sebep olur. Anaokulunda okula alışamaz, ilköğretimde arkadaşları ile kavgasız günü geçmez, liseye geldiğinde kız ise erkeklerin, erkek ise kızların peşinde koşmaktan bıkmaz. Aradığını bulsa da ruhu sekineye ulaşamaz. Zira aradığı şey, bulduğu şey değildir. Boşluğunu hissettiği şey, bir dönem annesinden nedense hiç kana kana içemediği anne sevgisidir.

Annesine kaygılı bağlanan çocukluklar, sadece çocukluk ve gençlik döneminde değil, neredeyse yaşamlarının her döneminde güvensiz, iç huzurdan yoksun, çevresi ile çatışan, şiddete meyilli bir kişiliği barındırırlar bünyelerinde. Ve böylesi kişiler genelde problem çözme yöntemi olarak şiddeti tercih ederler.

Sevgi ifadeleri bile şiddet içerir. Çocuğunu severken döverek sever. Şaka olsun diye ensesine vurur, tekme atar, durduk yere güreş yapar, küçük düşürücü şakalarla sever. Böylesi kişiler, doymak bilmez bir sevgiye muhtaçtır ama kendileri sevebilme yeteneğine sahip değildir.

Ne kadar severseniz sevin, hep kendisini sevilmiyor gibi hisseder. Kendisinden sevgi isteseniz doyasıya sevemez, kendisini sevdiklerine "güven" içinde bırakamaz.

Zira sevebilmek yetenek ister ve kişi ancak çocukluk yıllarında sevildiği kadar sevebilir.

Sorun karşınızdaki asık suratlı bir kişiye; çocukluk yıllarında ne kadar sevilmiş?

Ya da gidin sorun patronunuza, şefinize, amirinize, müdürünüze; neden tebessüm edemiyor, neden hep bağırıp çağırıyor, neden iş arkadaşlarına coşku ile gülemiyor? Eğer size güven duyabiliyorsa cevabı "Suiistimal edilir diye endişe duyuyorum" olacaktır.

Bir kişinin yüzünün gülebilmesi, yüzü gülen bir anneye bağlıdır. Hadi o hâlde, gelecekte tebessüm edebilen, kendisi olmanın keyfini çıkartan, aslan gibi çocuklar istiyorsanız, eşinizin yüzünü güldürün. Çok zor değil. Alın bir çiçek, uzatın; bakın nasıl tebessüm edecek, hem size hem çiçeğe... Ve belki de sarılıp ağlayacak "çok ihtiyacım vardı" diyecek. Tabii becerebilirseniz...

Otobüste, metrobüste, minibüste, metroda anneye yer verin; belki çocuğuna sevgi taşıyordur, izin verin, azıcık dinlensin.

Beceremiyorsanız, bugün saçlarınızı taramış olarak eve girin. Ya da ıslık çalın, bir şarkı mırıldanın. "Hayırdır!" dese de eşiniz, aldırmayın. "Sana yeniden âşık olmak istiyorum." deyin, çekinmeyin. Uyandırın eşinizdeki annelik hissini. Göreceksiniz siz de bir çocuk gibi şenleneceksiniz onun annelik hissini hissettikçe...

Bu toplumda, işte bu ülkede, güzel günler görmek istiyorsanız kadına saygı gösterin. Asansöre binerken kapısını açın, önce o binsin. Otobüste, metrobüste, minibüste, metroda yer verin; belki çocuğuna sevgi taşıyordur, izin verin, azıcık dinlensin. Kapayın gözlerinizi azıcık görmeyin, bırakın iş yerinden yarım saat önce çıksın, koşarak çocuğuna gitsin ve siz saygı ile seyredin annelik sevincini...

Tıpkı yokluğunu hissettiğiniz annenizi seyreder gibi...

Kardeş Sayısı ve Çocuk Gelişimi

Eskiler, yeni anne babalara ısrarla "çok çocuk" tavsiyesinde bulunuyor.

Hatta tek çocukla yetinmeye çalışan çiftlere kendi anne babaları sitem ediyor. Aslında bu sitemde haksız da değiller.

Özellikle eğitim seviyesi yüksek, erken yaşta kariyer yapmış kadınlar anne olurken bir kez değil, on kez düşünüyor. İlk çocuk erkek tarafının "torun istiyoruz" baskısı ile alelacele dünyaya gelse de ikinci çocuk sosyal yaşamda kendini var etmeye çalışan bir anne için oldukça zor bir karara dönüşüyor.

Hâlbuki pedagojik olarak en zor olan tek çocuğa annelik yapmaktır.

Çünkü o tek çocuğun hem "annesi" hem "arkadaşı" hem de "kardeşi" olmak zorundadır anne babalar... Tek çocuk sahibi bir annenin, mutfakta yemek yaparken, o sırada canı sıkılan çocuğu için bir "oyun" üretmesi gerekir ki çocuk can sıkıntısı ile sağa sola saldırmasın... Hâlbuki iki çocuklu bir evde anne mutfakta yemek ya-

Tek çocukta kalmak, çocuğun gelecek yaşamına "ipotek" koymaktır.

parken iki kardeş birbiriyle oyunlar oynayarak keyifli dakikalar geçirebilir. Üç çocuk yetiştirmek de iki çocuk yetiştirmekten daha kolaydır, zira küçük kardeşler birbiri ile cıvıldaşırken büyük olanın da anneye evin işlerinde yardımcı olacağı yaş gelmiştir artık... Ve dört çocuk ise üç çocuktan daha kolaydır. Zira artık evdeki çocuklar büyümüş, köklü bir aile kurumunun keyfi yaşanmaya başlamıştır...

Ayrıca tek çocukta kalmak, çocuğun gelecek yaşamına "ipotek" koymaktır.

Çünkü o tek çocuk büyüyüp, evlenip, kendi ailesini kurduğunda bir garip durum ile yüz yüze gelecek: Kendi çocuklarının "dayısı, amcası" olmayacak... Kendi çocuklarının "hala, teyze" gibi yakınlık ilişkilerinden haberi olmayacak. Bir ağaç üstünde tek başına duran yaprak gibi koca bir yaşamı yalnız başına götürmek zorunda kalacak...

Hani eskiler "Ağaç yaprağı ile gürler" diye söylemişler... Tek çocuk yaşamda karşılaştığı zorluklarda gerektikçe gürleyemeyecek. Böyle bir durum bir süre sonra ebeveynin çok zoruna gidiyor ama o zaman da iş işten geçiyor... "Teyze çocukları" ile kendi çocukları oynayamayacak... Çocuklarına "bu akşam amcanız geliyor" diye evde bir koşuşturmaca yaşatamayacak... Bu yaşayamama ise ebeveynin yıllar önce verdiği tek çocuk kararının yıllar sonrasındaki dramatik bir karşılığıdır.

Bütün bunları salt pedagojik bilgilerimle değil, dört çocuk babası olarak da söylüyorum. Onların birbirinden aldığı cesareti, coşkuyu ve sosyalleşme süreçlerini yakinen gözlemliyorum. Bana şu an dünyaları verseler, tek çocukta kalmak istemezdim... Evimizin içi çok sıkıcı olurdu ve çocuğumun geleceği adına ciddi kaygılanırdım. "Bu çocuk bizden sonra yaşamı tek başına nasıl becerecek?" diye endişelenirdim...

Baba Bugün Ne Oldu Biliyor musun?

İnsanları karşılaştıkları olayların zorluğu değil, o olaylara yükledikleri anlamlar kaygılandırır. Bu, psikolojinin temel kuralıdır. Çocuklar için de böyle...

Çocuk, problemlerin ne anlama geldiğini yetişkinin o probleme bakışı ile belirler. Çocuğa çok büyük gibi gelen problemler, güçlü kişilikli bir yetişkinin dünyasında bazen küçücük kalır. Böylesi bir yetişkinin yanındaki çocuk, problem ne kadar büyük olursa olsun endişeye kapılmaz. İsterse dışarıda kıyametler kopsun, yetişkin bu kopan kıyametleri tebessümle karşılıyorsa çocuk pozitif bir ruhla yetişir.

Bunun tersi olarak, küçücük sorunları bile büyütmeyi bir alışkanlık hâline getirmiş yetişkinin yanındaki çocuk mutsuz, kaygılı ve yaşama karşı tutarsız olur. Hep şikâyetçi, hep memnuniyetsiz bir hâle bürünür.

Çocuk için yaşamın her anı anlamlanması gerekir ki belirsizliklerden oluşan kaygılardan ve korkularından kurtulabilsin.

Bundandır ki çocuklar güncel yaşamdaki olayları ebeveynlerine anlatmaya çok isteklidirler. Bu istek, çocuğun anne ve babası ile salt bir iletişim kurma arzusundan değil, yaşadığı olayların ebeveyni tarafından yorumlanarak bir "anlam" kazanmasına duyduğu ihtiyaçtandır. Bu anlamın her hâlükârda pozitif bir değer taşıyıp taşımayacağı çocuğun kişilik inşası için oldukça önemlidir.

Arkadaşı ile tartışan ve ardından onunla küsen bir çocuğun bu olayı heyecanla anne ve babası ile paylaşmak istemesi, sadece bir kavga anını resmetmek değil, o anlatım sırasında ebeveynin nasıl yorum getireceğini de görebilmektir. İşte çoğu defa ebeveynler tarafından basit gibi duran çocuğu ciddiye alma ve olayları yorumlayış tarzı, çocuğun yaşama bakış açısını belirleyecektir.

Eğer bir ebeveyn çocuğunun heyecan içinde anlattığı bir olayı göz ucu ile dinliyor ve ağız ucu ile "Hıı, öyle mi?" diye karşılık veriyorsa, böylesi bir ebeveynin yanında yetişen çocuğun yaşamı da ancak bu kadar anlamlıdır.

İşte ergenlik dönemi çocuk-ebeveyn çatışmalarının en geniş kaynağı da burasıdır. Ebeveyni tarafından hayatı pozitif olarak anlamlandırılmamış çocuklardır bugün sorun olanlar.

Bir gün oğlan, "Baba, senin hayata baktığın gibi bakmıyorum ben" dediğinde veya kız, "Anne, senin ahlak anlayışın ile benim ahlak anlayışım farklı galiba" diye temel ahlaki kurallara itiraz ettiğinde şaşırmamak gerek... Çünkü çocuk kendi görevini yaptı ve çocukluğun her döneminde "Anne bu niye böyle?" diye sordu ve sen "İşim var, sonra!" dedin. Ya da "Baba, bugün ne oldu biliyor musun?" diye karşında zıp zıp zıplarken, "Bilmiyorum, şu an bilmek de istemiyorum!" diyerek lavaboya gittiğinde, geride bıraktığın şaşkın bakışlı gözlerin karşılığıdır ergenlik sorunları.

"Çocukluk dönemi" masumdur, ebeveynler kendilerinde gördükleri hataları ne kadar çabuk değiştirirlerse çocuk da ebeveynle birlikte değişir. Bu yüzden biz, bu dönemdeki çocuk davranışlarını değiştirmek için ebeveynlerin davranışlarını değiştirmeye çalışıyoruz.

Ancak "ergenlik dönemi" böyle değildir. Anne babalar kendi hatalarını görüp değiştirseler de bu değişiklik direkt olarak ergenin üzerine yansımaz.

Çocukluk dönemi anne ve babalar için bir fırsattır. Bu dönemde çocuğun ebeveyninin yanına her geliş-gidişi, yaşamı özeldir. Sorduğu her bir soruya verilen cevap özeldir. Çocuğun aldığı cevaplar ne kadar olumsuzluklar, bıkkınlıklar, zorlayıcılıklar barındırıyor ise çocuğun hayatı o kadar başarısızlıklar ve anlamsızlıklar içinde geçecektir.

"Her şeyin bir çaresi var" diyerek tebessüm eden yetişkinlerin yanında yetişen çocuklar ise daha güçlü bir kişilik yapısına erişeceklerdir.

Unutmamalı, hayattaki sorunlar, sorunların büyüklüğü ile değil, o sorunlara bakış açısı ile büyür veya küçülür.

Anne Babaların Çocukluk Hatıraları

Hayatımızın en unutulmaz kişilerinden biri ilkokul öğretmenleridir. Belki ortaokul veya lise öğretmenleri öyle kolay hatırlanmaz ama ilkokul öğretmeninin adı kazınır insanın ruhuna.

Kişinin ilkokula başladığı, anne-babasından ayrılıp "tanımadığı" bir yetişkinle ilk defa saatler geçirdiği yıllar tebessüm ettirici birçok hatıra barındırır içinde.

Kime sorsanız, mutlaka anlatacak bir şeyleri vardır o yıllara dair.

İnsan hayatının diğer unutulmazlarından biri de çocukluğun geçtiği mahalledir. Sokak arkadaşları, komşular ve mahalle bakkalı...

Belleğin en tatlı yerine kayıtlıdır bu hatıralar.

Ve bir insanı ne kadar tanıyıp tanımadığınızı öğrenmek istiyorsanız, kendinize o kişinin ilkokul öğretmeninin kim olduğunu ve çocukluğunun geçtiği mahalleyi bilip bilmediğinizi sorabilirsiniz.

Mesela, eşinizin ilkokul öğretmeninin kim olduğunu bilip bilmediğinizi sorabilirsiniz kendinize.

Ya da eşinizin çocukluk yıllarındaki komşularını, sokak arkadaşlarını ve mahalle bakkalını tanıyıp tanımadığınızı sorun kendinize.

Sorun mesela, eşinizin ilkokulunu evlendikten sonra görmeye gittiniz mi? O okul bahçesini dalgın gözlerle seyrederken anlattığı hatıraları dinlediniz mi hiç? Oyunlar oynadığı, kavga edip barıştığı, koşarken düşüp ağlayarak evin yolunu tuttuğu sokağı gördünüz mü?

Eşlerin birbirlerine karşı çocukluk hatıralarına dair bir "duygusal yakınlığı" yoksa birbirlerini henüz yeterince tanımıyorlar demektir.

Bunun da ötesinde sorun kendinize, "Çocuğunuz sizin çocuk halinizi ne kadar biliyor?" Siz onu bebekliğinden itibaren tanıyorsunuz ama o sizi bir ebeveyn olarak değil de bir insan olarak ne kadar tanıyor?

Birçok ebeveyn, aile içi iletişimi artırmak, daha kaliteli iletişim kurmak için tavsiye istiyor ve yine birçoğu çocuklarına okuyacakları hikâye kitapları soruyor.

Hâlbuki çocuklara okunacak en güzel hikâyeler ve aile içi iletişimi artırmak için en güzel sohbetler, ebeveynlerin kendi çocukluk dönemiyle ilgili anlattığı hatıralardır.

Çocuğunuz henüz sizin yaşam öykünüzü bilmeden neden hikâye kitaplarındaki gerçek olmayan sahte kahramanların, kedilerin, köpeklerin, kurtların, tavşanların öykülerini dinleyerek vakit geçirsin ki?

Anlatın çocuğunuza sınıfta tahtaya kalktığınız ilk günü, hasta olduğunuz bir gün ödevlerinizi yapmak için nasıl çırpındığınızı ya da komşularınızı, sokak arkadaşlarınızı, yollarda oynadığınız oyunları...

Çocuklara okunacak en güzel hikâyeler ve aile içi iletişimi artırmak için en güzel sohbetler, ebeveynlerin kendi çocukluk dönemiyle ilgili anlattığı hatıralardır.

Paylaşın kendinizi. Sizi nasıl da can kulağı ile dinleyecekler görün.

Akıl verici bir bıktırıcılık içinde "Ben senin yaşlarındayken..." diye başlayan konuşmalar değil, sadece samimiyetle paylaşın kendinizi, acılarınızı, korkularınızı, zaaflarınızı, hayallerinizi, kim bilir belki kirpikleriniz ıslanır...

Bunları konuşacak başka kiminiz var ki zaten!

Hayat kısa... Birçok çocuk anne-babasını, birçok kişi kendi eşini hiç tanımadan göçüp gidiyor bu dünyadan. "Bir varmış, bir yokmuş" gibi...

Mesela Ramazan ayları bu paylaşımlar için iyi bir fırsat. İftar sofrasını biraz erken hazırlayın ve "Hadi artık açabilirsiniz orucunuzu" müjdesini verecek o akşam ezanını beklerken tebessüm ederek başlayın söze.

Hani, aile içi iletişimi daha kaliteli hale getirmek istiyor ve işe nereden başlayacağınızı düşünüyorsunuz ya, işte buradan, iftar sofrasından başlayın.

Eğer bayramda da bir sürpriz yapmak istiyorsanız, çocuklarınızı da alın yanınıza, hem kendinizin hem de eşinizin çocukluğunun geçtiği mahalleye gidin. Eşinizin ilkokulunu ziyaret edin örneğin. Fırsat verin ona, sakin sakin o anlatsın, siz dinleyin. Sonra dönün eşinize bir kez daha bakın. Eğer aceleniz yoksa, eşinizin simasında çocuksu bir masumiyet göreceksiniz. Ve daha bir farklı seveceksiniz onu...

Vakit varken elinize geçen ilk fırsatı eşinizle tanışma, kendinizi çocuklarınıza anlatma zamanı olarak değerlendirin.

Hayat, "Bir varmış, bir yokmuş" diyecek kadar kısa. Yarın geç olabilir...

BAYRAM
YAŞANMAK İSTENİRSE
BAYRAM OLUR

Kusurun Nazara Verilmemesi Prensibi

Bir değerli dostuma "Kaç yaşından beri oruç tutuyorsun?" diye sordum. "Hatırlamıyorum. Ama kendimi bildim bileli her Ramazan oruç tutarım" cevabını verdi.

Bu cevap mantık olarak imkânsız gibi görünse de pedagojik olarak altın değerinde bir bilgiyi barındırıyor aslında.

Mantık olarak imkânsız; zira bir kişinin kendini hatırlamaya başladığı ilk yıllar üç-dört yaş civarına denk gelir. Bu yaştaki bir çocuğun oruç tutabilmesi imkânsızdır.

Pedagojik olarak altın değerindedir. Çünkü bir çocuğa o yaşlarda oruç tutmadığı halde oruçlu olduğunu zannettiren ve kendi kişiliğini öyle tanımlamaya yarayan eğitimin bir ince ayrıntısı var.

İşte o ayrıntı, "Çocuğu olduğu hali ile kabul etme ve kusuru nazara vermeme" prensibidir.

Kalabalık bir ortamda iftar sorasındayız. Ezanın okunmasına birkaç dakika var. Yan masadaki ailenin dörtbeş yaşlarındaki kız çocuğu yanımıza geldi. Önce bizi uzaktan seyretti, sonra biraz yakınlaştı ve "Biliyor musun, ben oruç tutuyorum" dedi.

Yetişkinler, sadece gerçek yaşamda yaşarlarken, çocuklar hem gerçek hem de hayal dünyasında sorunsuzca yaşarlar.

Bu tatlı dilli çocuğa içimiz nasıl da kaynadı hemen, tebessüm ettik. "Maşallah, ne güzel!" dedik. Çocuk "Hem de beş tane tutuyorum" diye devam ederken annesi hemen "Niye yalan söylüyorsun kızım? Sen daha küçüksün, oruç tutmuyorsun" diye müdahale etti.

Çocuk annesinin bu sözüne hayli kızdı, ayağını yere vurup "Tutuyorum!" dedi. Annesi "Büyüyünce tutacak amcası" diye konuyu kapattı ve çocuğu yanına çağırdı.

Çocuk adına üzüldüm. Çünkü o yalan söylemiyordu, o sadece kendisinin oruç tuttuğunu "zannediyor" ve hayalinde yaşadığı bu atmosfere bizi ortak etmeye çalışıyordu.

Çocukluk yıllarındaki yaşam, yetişkinlerdeki gibi "gerçeklik ilkesine" birebir bağlı değildir.

Yetişkinler, sadece gerçek yaşamda yaşarlarken, çocuklar hem gerçek hem de hayal dünyasında sorunsuzca yaşarlar. Eğer böyle olmasa çocuklarda kişilik gelişimi zarara uğrar.

Çocuk yetişkinlerde gördüğü ve özendiği bir davranışı önce hayal eder, hayalinde yaşar. Sonra hayal ettiği o davranışı kendisinin de yaptığını "zanneder." Daha sonra kendisinin yaptığını zannettiği o davranışı adım adım gerçek dünyaya taşır.

Bu yüzdendir ki "çocukluk düşlerine engel olmak" çocuğun kişilik geliştirmesine engel olmaktır.

Çocuklar, yetişkinlerden uğradıkları zararları, kurdukları hayallerin umutları ile tedavi ederler. Umut olmasa çocuk olmaz...

Bazı çocuklar, "Ben küçükken polistim ama artık polis olmayacağım" diyebilir örneğin. Bu söz yetişkin için "öylesine söylenmiş bir söz" gibi gelse de işin hakikati öyle değildir. Çocuğun buradaki söylemi "Ben önceden polis olduğumun hayali ile ruhumu geliştiriyordum, kendimi öyle bir atmosferin içinde motive ediyordum ama artık o atmosfere kendimi sokmaktan vazgeçtim" anlamındadır.

"Çocukluk düşlerine engel olmak" çocuğun kişilik geliştirmesine engel olmaktır.

Bu açıdan bakıldığında, çocukluk yıllarının en önemli ebeveyn tutumu, "çocuğu olduğu hali ile kabul etmektir."

Eğer bir çocuk "oruç tutuyorum" diyorsa, bu söz doğrudur ve bu söz ile çocuk gerçek yaşamda oruç tutmuyor olsa da oruç tutan bir ruhu kendi içinde geliştirdiğinin haberini vermektedir.

Böylesi bir motivasyon içindeki çocuğa "Sen oruç tutmuyorsun" denilirse çocuk şaşırır. Bu müdahaleye ya sinir olur ya da utanıp mahcup olur. Yıllar sonra kendi çocukluk yıllarına ait anıları hatırlarken "kendisini ta o zamandan beri yalan söyleyen biri" olarak hatırlar. Şimdilerde bile sanki kendisine yalan söyleyen biri gibi bakıldığını zanneder.

Zira çocukluk yıllarının hatıraları, en baskın duyguların yaşandığı anlarla kişiliği oluşturur. Bu ister çocuğun "utandırılıp mahcup edildiği" anlar olsun, ister çocuğun kendi kurduğu hayal dünyasındaki mutluluğu olsun.

Bir çocuk üç yaşında da olsa, dört yaşında da olsa, bir su içip bir yemek yedikten sonra bile "Ben de oruç tutuyorum" diyorsa ona inanın, o gerçekten oruç tutuyordur.

Ve yıllar sonra bu kişiye 'Ne zamandan beri oruç tutuyorsun?' diye sorsanız, size vereceği cevap "Hatırlamıyorum. Ama kendimi bildim bileli her Ramazan oruç tutarım." olacaktır.

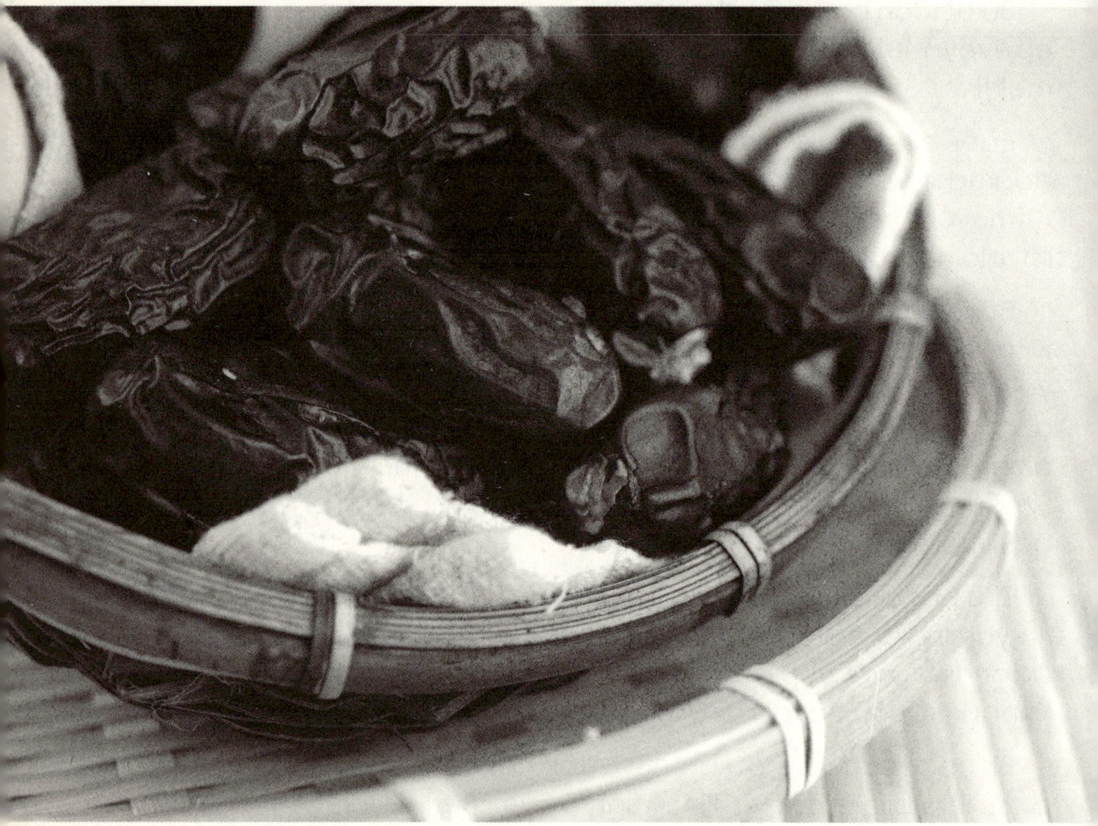

“Tekne Orucu” ve İrade Eğitimi

Çocuk eğitimi çocuğa zoraki “davranış öğretmek” değil, ona “irade” kazandırabilmektir. Bir başka deyişle çocuğa “iç disiplin” kazandırmaktır.

Bugün anne babaların şikâyet ettikleri birçok sorunun kökeninde iç disiplin elde edememiş çocukların hâllerini görüyoruz.

“Bu çocuk neden yarım saat oturup da dersini yapamıyor?”

Çünkü bir iç disiplini, iradesi yok ki yarım saat kendisine gücü yetsin de ders yapabilsin.

“Bu çocuk neden kemik görmüş ‘fino’ gibi kızların peşinden koşup onları rahatsız ediyor?”

Çünkü kendisine gücü yetmiyor, hazlarını kontrol edemiyor, içinde uyanan her duygunun esiri oluyor da ondan.

“Peki, bu çocuk neden namaz kılamıyor?”

Kılamaz, çünkü ruhunun gücü bedenine yetmiyor da ondan.

Anne babaların şikâyet ettikleri birçok sorunun kökeninde iç disiplin elde edememiş çocukların hâllerini görüyoruz.

Örnekleri çoğaltabilirsiniz.

Neden bu çocuk odasını toparlayamıyor?

Neden bu çocuk vaktinde uyanamıyor?

Neden bu çocuk öfkesine hâkim olamıyor?

Çünkü iradesi zayıf da ondan...

Nedir irade?

Pedagojide irade, çocuğun zorluklara karşı direnebilme gücünü elde etmesidir. Kişinin kendisine gücü yetmesidir.

Peki, çocuğa irade nasıl kazandırılır?

Bir çocuğun irade kazanabilmesi ancak "kendi yapabilmelerine" fırsat verilmesiyle mümkündür.

Ve irade zayıflığı da ya anne babası tarafından aşırı korunan ve sevilen çocuklarda veya şiddete maruz kalan çocuklarda görülür.

Neden?

Çünkü aşırı korumacı anne babalar, çocuklarının "kendi yapabilmesine" fırsat vermezler de ondan.

Böyle anne babalar çocuklarına yemeklerini kendileri yedirir, ayakkabılarını kendileri giydirir, elbiselerini kendileri çıkartırlar...

Hâlbuki çocuk, kendisine "yapabilme fırsatı verildiği kadar" güçlü bir iradeye sahip olur.

İşte bu yüzdendir ki Ramazan ayı, çocuklarına irade kazandırmak isteyen anne babalar için bulunmaz bir fırsattır. Zira bu ayda, anne babası oruç tutan neredeyse bütün çocuklar, oruç tutmaya özenirler...

Bu özentiyi bir kazanıma dönüştürmek için çocuklara dayanabildikleri kadar oruç tutmalarına izin vermek gerekir.

Bu yıllardaki Ramazanlar uzun yaz günlerine denk geldiği için çocuklar bütün bir günü oruçlu geçiremez belki ama onlara "tekne orucu" imkânı sunulabilir.

Çocuğunu "gerçekten" seven anne babalar, çocuklarını "Sen daha küçüksün, büyüdüğünde oruç tutarsın" diyerek aşağılamak yerine, "Demek sen de oruç tutmak istiyorsun" diyerek teşvik etmeli ve ona yol göstermeli.

Bu arada belki "Nedir bu tekne orucu?" diyenler için küçük bir açıklama yapmak gerekirse: Tekne orucu bir Anadolu geleneğidir. Bütün gün oruç tutamayan çocukların günün sadece bir bölümünü oruçlu geçirmesine tekne orucu deniyor.

Tekne orucunda çocuk oruç tutmaya sabah ezanı ile değil, öğle ezanı ile başlıyor. Öğleye kadar yiyip içen çocuk, öğlen ezanını duyduğunda artık yeme ve içme işini bırakıyor. Ta ki anne babası ile birlikte iftar sofrasına oturuncaya kadar kendi kendine bir iç savaşın içine giriyor.

Ve böylece yıllarca süren bir irade kazanımı eğitiminin ilk adımlarını atıyor.

Daha çocuk yaşta çok susadığı hâlde "kendi iradesi ile" bir bardak suyu "hayır içmeyeceğim" diyerek iç disiplin elde eden çocukların "ahlâk eğitimi" de düzen içinde geçmişse, böyle çocukların daha güçlü bir ruhsal donanıma sahip oldukları gözlenmektedir.

Bütün bunların yanı sıra, daha ilk çocukluk yıllarında tutulan orucun tadı da sanırım hiçbir şey ile değişilmez.

İtiraf etmeliyim ki ben kendi çocukluk yıllarımda tuttuğum tekne oruçlarının tadını hiçbir orucumda bulamadım.

O çocuksu saflığım ile tuttuğum oruçlarım, sanırım en ihlaslı oruçlarımdı.

Kendisine has tuhaf bir lezzet taşıyan tekne oruçlarından çocukların mahrum kalmaması dileğiyle...

Pedagojide irade, çocuğun zorluklara karşı direnebilme gücünü elde etmesidir. Kişinin kendisine gücü yetmesidir.

Bayram Yaşanmak İstenirse Bayram Olur

Bugünü bayram olarak düşünün ve bu başlığı o ruh haliyle okuyun lütfen. Bayram yani çocukların en önemli günü... Bilmem hiç düşündünüz mü, bir çocuk anne babası ile kaç defa bayram yaşayabilir? Ya "altı" ya da "yedi"...

Neden derseniz, zaten beş yaşına kadar çocuk etrafında ne olup bittiğinin pek farkında değildir. On iki-on üç yaşından sonra da aklı bir karış havada olduğu için bayramlarda sizinle olmak yerine, ya sokakta arkadaşları ile gezmeyi ya da "Facebook"ta sohbet etmeyi tercih edecektir.

İşte çocuğunuzla doyasıya bayram yaşayacağınız dönem beş ile on iki yaş arasıdır aşağı yukarı... Yani insanlar çocukken aileleri ile topu topu ancak yedi bayram yaşar.

O yüzden çocuğunuzun çocuksu saf duygularla yaşayacağı birkaç bayramdan biri olan bu bayramı doyasıya yaşayın.

İnsanlar çocukken aileleri ile topu topu yedi bayram yaşar.

Ama maalesef günümüz yetişkinleri bayramlarda çocukları ile bayramı doyasıya yaşamak yerine, çoğu defa ya ellerine aldıkları bir cep telefonu ile sağa sola "bayramın kutlu olsun" mesajları çekerek veya kaldı ise hâlâ bir-iki küs olmadığı eş, dost, akrabaya birkaç dakikaya sığdırılmış bayram ziyareti yaparak çocuklarını ihmal etmektedirler.

Hâlbuki çocuklar bayramda "acayip" mutlu olacaklarını zannederler.

Ve aslında çocukların mutlu olması da öyle sanıldığı gibi zor bir şey değildir. Ne pahalı hediyedir onları mutlu eden ne de vereceğiniz harçlıklar... Bayramda çocuğunuza vereceğiniz en güzel hediye, ona ayıracağınız zamanınız olacaktır.

Mesela bir yol kenarında oturup onunla sakince sohbet etmek.

Ya da bir deniz kenarında vakit darlığına aldırmadan ayaklarınızı denize sokabilmek ve "Brrrrr, çok soğukmuş!" diyerek birlikte gülebilmek.

Veya bir dağ başına gidebilmek ve orada çimlerin üzerine öylece uzanabilmek... Gökyüzünü seyrederken kendi çocukluğunuzu hayal edip "Ben hiç annemle, babamla böyle uzanmamıştım" diye hüzünlenmek. Sonra "Hadi koşalım!" diyerek bayır aşağı kolları bir uçak gibi açabilmek.

Vaktiniz var henüz...

Ve bütün bunları yapabilmek kendinize bağlı...

Çocukluk Yıllarında Bayramlar Özeldir

Ramazan aylarında katıldığım programlarda genelde ilk soru "Çocuk için Ramazan ayı ne anlama gelir?" olur. Bayramların yaklaştığı günlerde ise soru biraz değişir: "Çocuk için bayram ne anlam taşır?"

Pedagojik olarak bakıldığında, çocuk açısından Ramazan ayı tek bir anlama gelmez. Çocuk için Ramazan ayının anlamı yetişkinlerin bu aya verdiği değerdir. Çünkü çocukların inancı taklittir. O yüzden, yetişkin Ramazan'ı hangi derinlikte geçiriyorsa çocuk için Ramazan o anlama gelir. Ve her çocuk için Ramazan farklı bir anlam taşır.

Kimi aileler teravihi, iftarı, sahuru, sadakası ve fitresi ile dolu dolu bir Ramazan ayı geçirir. Böyle bir ailede yetişen çocuk Ramazan'a işte bu güzellikte bir anlam yükler. Bu çocuk yarın yetişkin olduğunda Ramazan onda bu derinlikte hisler uyandıracaktır.

Kimi evlerde ise Ramazan, yorgunluklar, tartışmalar ve gereksiz dedikodular arasında kaybolur gider. O çevredeki çocuk için de Ramazan'ın anlamı bu olur.

Çocuğa ne yaşatırsan, çocuk için o anlama gelir Ramazan.

Bayramlar da öyle... Çocuğa bayramı nasıl yaşatırsan çocuk için bayram o anlama gelir.

Hani şimdilerde "Ah o eski bayramlar!" diye iç çekişler duyuluyor ya... Aslında bu iç çekiş, bugünkü bayramların daha kıymetsiz olduğundan değil, eskilerin bayram gününe verdiği değerin, bugünkü ebeveynler tarafından verilmemesindendir.

Kendi çocukluğumdan hatırlarım, bayramda annem erken kalkar, kapı ve camları açardı. Günün daha ilk ışıkları ile tertemiz bir oksijen evimizin içinde kendini hissettirirdi. Ocağa koyduğu çayın, hazırladığı böreklerin kokusu yayılırdı evin içerisine. Babamın kısıkça açtığı radyodan bizlerin bilinçaltına duyurduğu bayram sabahı mesajları yatak keyfimize eşlik ederdi...

Bayram namazına gitme hazırlıkları, bayram sabahının en güzel telaşı idi. Yeni aldığımız bir elbiseyi kendine has kokusu ile giymenin mutluluğu, dışarıda henüz hiç giymediğimiz yepyeni ayakkabı ile evin içinde yürüme provaları çocuksu kalbime heyecan verirdi.

Ya sokaklar... Bayram sabahı sokaklar bir başkadır zaten.

Sabahın daha bu erken saatinde insanların oluk oluk camiye aktığını görürdü çocuk gözlerimiz. Evlerinin önünü süpüren kadınlar, sanki camiye giden yolların tek tek yol açıcıları gibiydi. Dualar, tekbirler ve cami hoparlöründen hoca efendinin sohbetlerine şahitlik ederdi kulaklarımız.

Çocuğa ne yaşatırsan, çocuk için o anlama gelir Ramazan.

Camiler dolup taşardı. Sokakta namaz kılmak bayrama has güzelliklerdendi.

Namaz sonrası ise ayrı bir güzellik...

Namazını kılan, seccadesini toplayan, evin yolunu tutar. Yolda karşılaştığı dostları ile bayramlaşır ve biraz sonra da kendi ailesi ile bayramlaşmanın, bir ay sonra ilk defa ailecek sabah kahvaltısını birlikte yapmanın heyecanı herkesin gözlerinden okunurdu.

Bayram namazı sonrası herkes evine kapanır... Aile içi bayramlaşmaların yaşandığı bu dakikalarda sokaklar ölü sessizliğine bürünürdü. Az sonra herkes bayramlık elbiseleriyle dışarı çıkar, dost ve akrabalarla bayramlaşmaya giden insanların doldurduğu kalabalık sokaklara şahit olurduk.

Bayramda böylesi güzel bir atmosferin oluşması, "geçmiş günlere" değil, o güne anlam katan "insana" has bir özellik. Özlem duyulan şey de "geçmiş bayramlar" değil, o bayrama anlam katan "insan modeli"dir.

Dün insanlar evlerinden zahmet edip çıkmış, sokak sokak gezerek bayram ziyaretleri yapmış, yüz yüze görüşmenin ve bir tatlı ikramının keyfini yaşamışsa; bugünküler oturduğu koltuktan dahi kalkmadan sağa sola SMS göndererek bayramlaşmayı tercih ediyorsa, bu "Ah eski bayramlar!" ile ilgili değil, o kişinin bayrama yüklediği anlamla ilgili bir sorundur.

O yüzden geçmiş bayram nostaljisi yapmayı bir yana bırakıp çocuklara yaşanacak ilk bayram hangi atmosfer yaşatılacağının planı ailece yapılmalıdır.

Yetişkinlerin İbadeti ve Çocuklar

Bazen durup düşünüyorum "Acaba ibadet bencili mi oluyoruz?" diye...

Ya da "kendi" kurtuluşumuz için uğraşırken etrafımızdaki insanlara karşı duyarsız mı oluyoruz?

Sanırım, günümüz "benmerkezci" yaşam tarzının "dinî ritüellere" kadar sinsice girmiş olmasının bir sonucu bu "benmerkezci ibadet" anlayışı...

Birilerinin cehenneme gidecek olması böyle insanların umurunda olmaz; varsa yoksa "kendi" rahatı, "kendi" ibadetleri.

Hâlbuki "İslam dininin en önemli özelliği nedir?" diye sorsalar, hiç tereddüt etmeden "İslam sosyal bir dindir" demez miyiz?

Ama gel gör ki ruhu bu olan bir dinin günümüz dindarları bir araya geldiklerinde "tahammülsüz", "tebessümsüz" olmayı bir marifet zannediyorlar... Ve maalesef koca koca camiler, asık suratlı insanların uğrak yerlerine dönüşüyor.

Söze gelince "Ben aslında çocukları çok severim" ile başlayıp "Peygamber Efendimiz camilerde çocukları omuzlarına bile alırdı" diye devam eden konuşmalar yapılıyor ama "E, hadi sende öyle ol" dediğinizde "Ama bu çocuklar başka" diyerek işin içinden sıyrılmaya çalışmalar, çok trajik bir İslam anlayışı maalesef...

Hatırlarsınız, Diyanet'in son yaptırdığı araştırmada, cami cemaatinin yüzde 70'i çocukları camilerde istemediklerini belirtmiş...

Özünde "insan yetiştirme" ve en belirgin özelliği de "sosyallik" olan dinin günümüzdeki karşılığı bu tahammülsüzlük olmamalıydı.

Çocuklardan arındırdığınız bir cami kaç on yıl işlevsel kalabilir söyler misiniz?

Bugün sabah namazında bir safı dahi olmayan camiler, dünkü sabah namazına gitmeyen anne babaların çocuklarının boş bıraktığı camiler değil mi?

Ve düşünün lütfen, çocuklar "Camide ne oluyor?" diye merak ettiklerinde, "müze" ziyaret eder gibi "Önce cemaat çıksın da ondan sonra girelim camiye" mi diyeceksiniz çocuklarınıza?

Cemaatsiz bir camiye götürdüğünüzde çocuklarınıza duvarlardaki gravürleri mi anlatacaksınız? Sonra da eve gidip Youtube'u açarak "Camide işte böyle saf saf oluyor, şöyle omuz omuza veriyor, şu şekilde tespihler ve tekbirlerle namaz kılıyoruz" mu diyeceksiniz?

Ve bu çocuktan da büyüdüğünde camiye gitmesini bekleyeceksiniz, öyle mi? Bu nasıl mantık böyle!

Bir dönem, dinden soyutlanmış bir nesil yetiştirme ideali için çocukları camilerden uzak tutanlarla bugün

Özünde "insan yetiştirme" ve en belirgin özelliği de "sosyallik" olan dinin günümüzdeki karşılığı bu tahammülsüzlük olmamalıydı.

ibadet bencili olmuş dindarların "Camide gürültü yapıyor" diye onları uzaklaştırmaları arasındaki fark nedir?

Çocukları camide koşarken, yerlerde yuvarlanırken, bahçede bisiklete binerken gördüğünde memnun olmayanlar, onları camiden kovmak yerine, tahammül gücünü artırmak için psikolojik destek alsa daha iyi olmaz mı?

Çocuk Dövmeyi Din mi Emrediyor?

Ne zaman "Ceza ile çocuk eğitimi olmaz. Çocuk, eğitim için dövülmez." desem, hep aynı itirazla karşılaşıyorum: "Ama dinimizde çocuğu dövmek var!"

"Nasıl yani?" diye sorduğumda "Peygamber Efendimizin 'Çocuğunuz yedi yaşına gelince ona namazı öğretin, on yaşına geldiğinde kılmıyorsa onu dövün' diye hadis-i şerifleri var" denilerek çocuk eğitiminde dayağın yerinin olduğu iddia ediliyor.

Ben bir ilahiyatçı değilim. Bir pedagogum. O yüzden dinî kaynakları derinlemesine analiz etmesini bilmem ve bu konuda bir söz söylemem ilahiyatçılara saygısızlık olur.

Ama yıllardır "Çocuğun dövülmesi dinimizde var" denilerek ve bu hadis gösterilerek o kadar çok itiraz geliyor ki sonunda bu konuda ciddi bir araştırma yapma ihtiyacı hissettim.

Kendi yaşamı boyunca çocuklara kaşlarını dahi çatmamış bir şefkat Peygamberi, acaba gerçekten böylesi bir tavsiyede bulunmuş mudur? Bulundu ise bunun gerekçesi nedir diye oldukça merak ettim.

Zira görüyorum ki ceza ile eğitilen çocuklarda "kişilik kaybı" oluyor. Ceza alan, ceza vermeyi öğreniyor. Hele ki çocuk kendisini cezalandıran anne babasını bir gün cezalandırmaya kalkarsa... Çocuğun anne babasını cezalandırması, anne babanın çocuğu cezalandırmasından çok daha korkunç oluyor.

Bu acı sonu yaşamış onlarca ebeveynin inilti dolu sesleri var hatıralarımda. "Kıydı yavrum kendine... Bu kadar çok sıkıştırma çocuğu diyordum eşime ama dinlemedi beni... Gitti yavrum!" diyen ebeveynlerin sesi hâlâ kulağımda...

Veya derste öğretmeninden ceza alan, bir süre sonra eğitimden kopan, kişilik kaybına uğrayan, şımarık, duyarsız, yılışık binlerce çocuk var gözlerimin önünde.

Ama söylediğim gibi ben ne bir hadis uzmanıyım ne de bir ilahiyatçı...

O yüzden ben bu satırdan sonra susmak ve konuyu, işin uzmanı olan bir ilahiyatçıya, Marmara Üniversitesi İlahiyat Fakültesi Öğretim Üyesi ve Hadis Anabilim Dalı Başkanı Prof. Dr. Ali Akyüz Hoca'ya bırakmak istiyorum (Aşağıdaki makalenin aslı beş sayfadır. Çalışmanın hepsini bu satırlara sığdıramayacağım için sonuç kısmını sizlerle paylaşıyorum):

"[...] Hadisteki ikinci fıkranın belirleyici fiili "D-R-B" fiili mazi-sülasisinden üretilmiş olan "FE-DRİBÜ" emir kipiyle zikredilen fiildir. Arap dilinde yaygın biçimde kullanılan ve "dövmek" manasına gelen bu kelime, daha başka pek çok anlamı olan fiillerin başında gelmektedir.

Her fiilde olduğu gibi bu fiilin de cümle içinde kullanıldığı edata göre farklı anlamlar yüklendiği gözden ırak edilmemesi gereken hayati öneme sahip bir mevzudur. [...] Yaptığımız araştırmaya göre hadisin ikinci fıkrasın-

Çocuğun anne babasını cezalandırması, anne babanın çocuğu cezalandırmasından çok daha korkunç oluyor.

da yer alan "FE-DRİBÜ" fiili istisnasız bütün kaynaklarda "ALA" harfi ceri yani "ALA" edatı ile kullanılmaktadır. Bu kullanım oldukça önemli ve sonuç bakımından da fevkalade etkilidir. Söz konusu kelimenin başka harfi cer ve edatlarla anlamı çok değişmektedir. Mesela; "D-R-B"-"AN", "D-R-B"-"MİN", "D-R-B"-"Lİ", "D-R-B"-"Fİ", "D-R-B"-"MESELEN" v.s. kullanımların hiçbirisinde dövmek anlamı söz konusu değildir.

"Dövmek" anlamı yüklenmek istendiğinde daha çok yalın biçimde veya "ba" edatıyla kullanılan bu kelime, "ALA" edatıyla dövmek manasında değil, "sıkıştırmak", "zorlamak", "yaptırmak", "kuşatmak", "empoze etmek", "mecbur etmek", "sorumlu ve yükümlü tutmak" v.s. anlamlarına gelmektedir. Klasik ve çağdaş hiçbir sözlük müellifi bu kelimeye böyle bir anlam, yani "dövmek" anlamı vermemektedir."

Belki ağır ve bilimsel dil olduğu için, özetlemek gerekir ise, Prof. Dr. Ali Akyüz Hoca, bu hadisin son kısmında geçen "... on yaşına gelince, kılmıyorsa dövün" tercümesinin doğru olmadığını ifade ediyor. Bu hadisin doğru tercümesinin "Çocuğunuz yedi yaşına gelince namazı öğretin, on yaşına gelince sorumlu tutun/yükümlü tutun" olduğunu bilimsel bir makale ile yayına sunuyor.

Ben yaklaşık iki yıl önce Ali Akyüz Hoca'yla telefonda konuşmuş ve kendisine "Bu görüşünüze İslam âleminden veya ülkemizden itiraz geldi mi hocam?" diye sormuştum. Aldığım cevap netti: "Hiçbir İslam ulemasından bugüne kadar bu makale hakkında bir itiraz gelmedi."

Dediğim gibi, ben bir ilahiyatçı değilim. Bu makaleyi ve gerisini sizin vicdanınıza bırakıyorum...

(Not: Bu makale, 2002'de, hakemli bir dergi olan Din Eğitimi Araştırmaları Dergisi'nin onuncu sayısında yayımlanmıştır.)

Kur'an Eğitiminin Püf Noktaları

Yaz aylarının vazgeçilmezlerinden biri de Kur'an eğitimleridir.

Kur'an-ı Kerim'i çocukluk döneminde öğrenmek hem "kolay" hem de "kalıcıdır". Yaş ilerledikçe Kur'an öğrenmek zorlaşır.

Belki de bu nedenle olsa gerek eskiden bir çocuk dört yaş, dört ay, dört gününü doldurduğunda Kur'an eğitimi almaya hazır kabul edilirdi.

Mütedeyyin bir insanın en önemli kazanımlarından biri olan Kur'an öğrenmede birtakım temel pedagojik kurallara uyulmazsa bu durum hem eğitici hem de çocuk için can sıkıcı bir bıkkınlığa dönüşebilir. Ve maalesef her yıl birçok çocuk ellerinde aynı "elif ba" ile bir türlü tamamlayamadığı Kur'an eğitimi için yollara düşmektedir.

Kur'an öğrenmek, okulda matematik öğrenmek gibi değildir. Kur'an eğitimi aynı zamanda bir "yaşam tarzını" edinmeyi de beraberinde getirir. "Müslümanlık nasıl bir şeydir?" sorusunun cevabının bulunduğu ilk

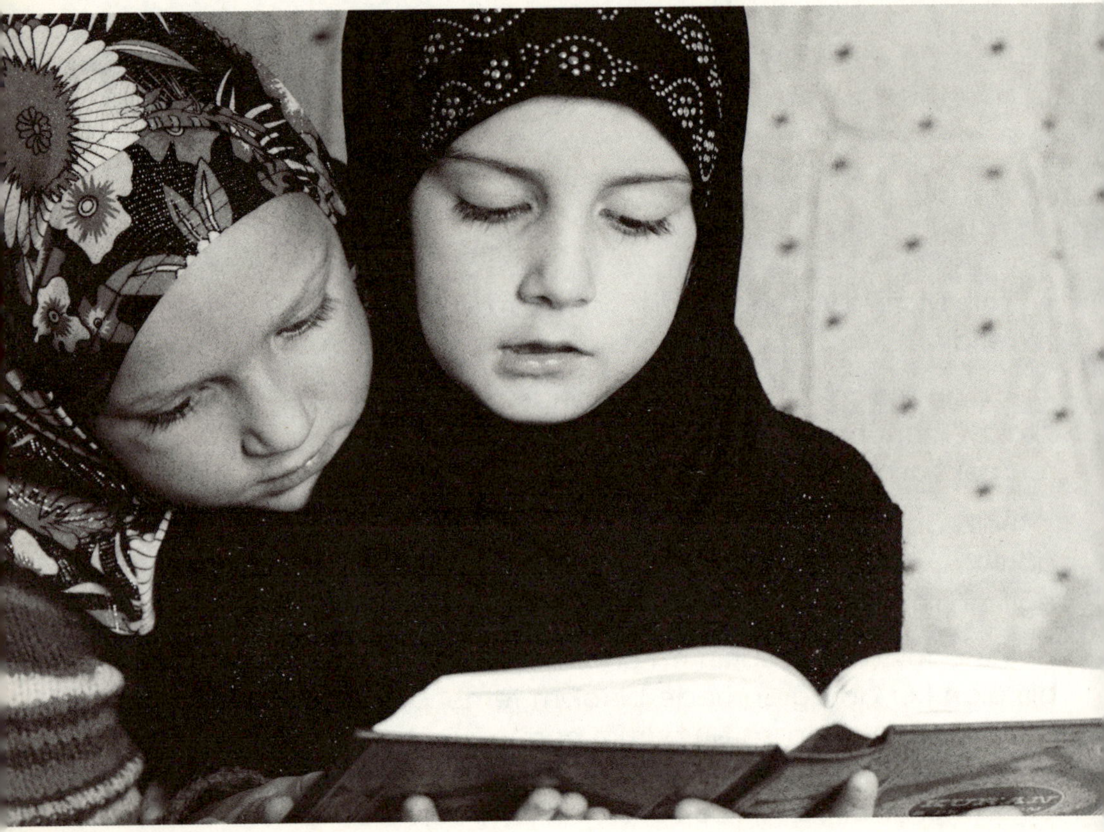

yerlerden biri Kur'an eğitimi verilen yerlerdir. Din soyut bir kavramdır, onun elle tutulur gözle görülür hali o dini anlatan kişilerdir. Çocuk hocasını nasıl görüyorsa dinin de "işte öyle bir şey" olduğuna inanır. Belki bir "matematik öğretmeni" ders işlerken hata yapsa sadece matematik dersini kapsar ama bir Kur'an eğiticisinin yanlış bir tutumu, kişinin yaşamında dönüm noktasını oluşturabilir. Dine karşı önyargısı olan kişilere baktığımızda bu önyargıların bizzat dinin kendisinden değil, dini temsil eden kişinin yaşam tarzının kendi vicdanı ile uyuşmamasından kaynaklandığını görebiliriz.

Kur'an eğitimi aynı zamanda bir "yaşam tarzını" edinmeyi de beraberinde getirir.

O halde, Kur'an eğitiminin ilk aşaması çocukla hoca arasında "güvenli bir bağ" kurulabilmesidir. Eğiticinin çocuğa kendisini sevdirebilmesidir. Ancak bu sevgiyi kazanmak, çocuğa aşırı iltifatlar, abartılı sevgi gösterileri, sürpriz hediyelerle değil, yetişkinin çocuğun karşısında "mütebessim bir çehre ile doğal" olabilmesi ile mümkündür.

Çocuk kendini eğiticinin yanında "güvende ve emniyette" hissettiği, kaygılarından arındığı kadar kalıcı bir eğitim alır.

Belki geleneksel şekilde eğitim almış birçok kişi "Ama baskı ve zorlamalarla da eğitim olabiliyor" yanılgısına düşse de baskı ile oluşan öğrenmeler "geçicidir". Baskı kalktığında öğrenme de unutkanlığa dönüşür.

Kalıcı öğrenmenin bir başka önemli unsuru "eğitimde yavaşlık" ilkesidir. Eğer "Başarılı bir eğiticinin en önemli özelliği nedir?" diye sorulacak olsa hiç tereddüt etmeden "eğiticinin yavaşlığı"dır, diyebiliriz. Hızlı bir eğitici, çocuğun algı gücünü düşürür. "Dikkat dağınıklığına" ve "öğrenme güçlüğüne" sebep olur. Hızlı hızlı konuşan, hızlı hızlı hareket eden bir eğitici, çocuk için eziyettir.

Eğitim "sükûnet" ile başlar, "sekine" ile devam ederse kalıcı olur...

Çocuk hocasını nasıl görüyorsa dinin de "işte öyle bir şey" olduğuna inanır.

Eğitimi kolaylaştıran unsurlardan bir diğeri de "konsantrasyon"dur. Birçok Kur'an kursunda çocuklar "toplu olarak" bir araya geliyor ve bir çocuğun eğitilmesi sırasında diğerleri hazırlık yapmaya teşvik ediliyor. Hâlbuki böylesi bir durum kenarda bekleyen çocukların konsantrasyonunun yitirilmesine neden olur, çocuklar kendi aralarında konuşup gülüşürlerken biraz sonra alacakları dersin atmosferinden uzaklaşırlar. Buna göre eğitici, çocukları topluca bir araya getirmek yerine, her bir çocuk için kırkar dakika ayrı ayrı randevular oluşturmalıdır. Bir çocuğun eğitimi bittikten sonra, randevu saati gelen bir diğer çocuğun eğitimi başlamalıdır. Unutmamalı ki Kur'an bireysel bir eğitimdir, geliştirilmesi grup halinde olsa da öğrenilmesi bireysel olmalıdır.

Eğer çocuğun kendine has bir yeteneği yoksa üç-dört yaş grubu çocuklara Kur'an harflerini okutmaya çalışmak doğru olmaz. Bu yaş grubundaki çocukların Kur'an öğrenmesi "okuyarak" değil, "dinleyerek" olursa daha rahat bir öğrenme gerçekleşir. Zira üç-dört yaş dönemindeki çocuklar "dil"e karşı oldukça duyarlı oldukları için doğal bir ortamda okunan Kur'an'ı "pasif bir dinleyici" olarak rahatlıkla öğrenebilir, ezberleyebilirler.

Beş-altı yaşındaki çocuklarda ise öğrenme "okuyarak" değil, "yazarak" gerçekleşirse daha kolay ve kalıcı olur. Çocuk, Kur'an harflerinin şekillerini önce bir "kum sandığına", ardından bir "yazı tahtasına", daha sonra da bir "kâğıt" üzerine "çizerek" aşama aşama çalışırsa ne çocuk ne de eğitici çok fazla zorlanır.

Ergen çocukların Kur'an'a karşı ilgisi, güzel Kur'an okuyan kendi yaşıtları ile tanışmasıyla daha da artar. Ergenler ergenlerden daha kolay öğrenir. Kur'an bilen gençler, Kur'an öğrenmek isteyen gençler ile eşleştirildiğinde hem gençler arasında kalıcı dostluklar oluşur hem de Kur'an eğiticisi öğrencilerini birbirleri vasıtası ile takip ederek daha yaygın bir öğrenme ağı oluşturur.

Çocuklar Uyurken Kur'an Dinlerse

Teravih namazında bir baba gördüm. Henüz üç yaşlarındaki oğlu ile gelmiş namaza. Vakit hayli geç olduğu için yavrucak dayanamadı, oturduğu yerde uyudu kaldı... Babası çocuğu namaz kıldığı safın hemen yanına, yere yatırdı

Cami sıcak olduğu için camlar açıktı ve bir baştan bir başa rüzgâr esiyordu. Çocuğun yattığı beton zemin sert... Fırsat buldukça gözlerim hep çocukta... Akşam rüzgârı üşütüyor olsa gerek ki çocuk arada bir sıçrayarak uyanıyor, sonra uykuya yenik düşen gözler hafif hafif tekrar kapanıyor...

Teravih namazı yaklaşık kırk beş dakika sürüyor.

Sanırım babası "Çocuk uyurken Kur'an sesi duysun" diye bunu bilinçli olarak tercih ediyordu.

Ama bu doğru değil.

Çocuğun Kur'an atmosferinde uykuya dalması güzel fakat henüz üç yaşındaki bir çocuğun üşüyerek sert bir zeminde Kur'an dinlemesi doğru değil.

Çocukluk döneminde Kur'an huzur ortamında dinlenirse yetişkinlik döneminde her Kur'an sesi duyulduğunda çocukluk dönemindeki o huzur yeniden hissedilecektir.

Ramazan'ın başında bir anne mail ile şu soruyu sormuştu: "Eşim bir arkadaşından duymuş... Çocuklar uyurken Kur'an dinlerse dindar olurmuş. O yüzden dört yaşındaki çocuğumuza gece kulaklık takıyor ve Kur'an dinletiyor, bunun faydası olacağını düşünüyor. Ben ise tereddütlüyüm. Çünkü çocuğumun son günlerde uykusunu tam alamadığını görüyorum. Hep bir huzursuzluk hali yaşıyor."

Ebeveynler çocuklarının dinî değerlerine bağlı olması için ellerinden gelen çabayı sarf ediyorlar. Ama bu samimi çabalarda doğru pedagojik yöntemler kullanılmazsa gelecekte hiç ummadık olumsuz sonuçlar doğabilir...

Çocuklara uykuda Kur'an dinletmek de bunlardan biri.

Şöyle izah edelim: Biz artık biliyoruz ki insanın uykuya daldığı anda birkaç dakika boyunca yaşadıkları ve uyanmadan önce çevresinde hissettikleri bilinçaltına tesir ediyor.

O yüzden çocukların akşam yatırılması sırasında anne babalara "Çocuklarınızı yatırırken onlarla özel ilgilenin, sohbet edin, onlara iyilikler ve güzellikler anlatın ve öylece uykuya yolcu edin." diye tavsiye ediyoruz.

Yine aynı şekilde "Çocuklarınızı uyandırırken onları sarsmadan, incitmeden hafif hafif uyandırın. Zira çocukların uyanma anı uykuya dalma anında olduğu gibi bilinçaltında oluşacak hatıralar açısından oldukça önemlidir. Gerekirse dokunarak uyandırmak yerine,

Çocuğun Kur'an dinlediği ortam ona huzur veren bir ortam değilse, çocukta Kur'an'a karşı içsel bir tepki oluşabilir…

camları açıp odanın içinin temiz oksijenle dolması sağlayarak çocuğunuzun uyanmasını kolaylaştırın… Ayrıca uyanırken çocuğunuzun kısık sesli Kur'an, ilahi veya radyo tiyatrosu dinlemesi onun bilinçaltında huzur dolu olumlu izler bırakacağı için oldukça önemlidir" diyoruz…

Fakat sadece uyurken değil de gece boyunca kulağında bir ses olursa çocuğun uyku kalitesi düşer. Derin uykuya dalması zorlaşır. Böylece çocuk hırçınlaşır, uyku ile elde edilen gelişimler olan boy uzaması, iştahın oluşması, günlük enerjisinin depolanmasında aksaklıklar oluşur…

O yüzden çocuğun gece boyunca değil, uykuya dalarken veya uykudan uyanırken Kur'an dinlemesi daha uygundur.

Bununla birlikte çocuğun Kur'an dinlediği ortam ona huzur veren bir ortam değilse, çocukta Kur'an'a karşı içsel bir tepki oluşabilir…

Mesela, aile içinde gergin ve tartışmalı geçen bir akşamın ardından yatırılan çocuğa Kur'an dinletmeye kalkışılır ise çocuk, dinlediği Kur'an ile evdeki huzursuz ortamı bilinçaltında birleştirir. İlerleyen yıllarda bu çocukta, Kur'an denilince evdeki huzursuzluk, aile içi huzursuzluk deyince Kur'an çağrışım yapar.

Bu yüzden çocuklara Kur'an'ı huzur veren bir ortamda dinletmeli, çocuğun hatırasında Kur'an huzur veren bir atmosfer ile canlanmalıdır.

Pedagojik olarak bakıldığında ebeveynin niyeti iyi olabilir. Ama unutmamak gerekir ki niyet ne olursa olsun, bir eğitimin içeriği kadar, o eğitimin nasıl ve hangi şartlarda çocuğa sunulduğu da önemlidir…